8° F Pièce
1797.

AF317695

DÉCISION MINISTÉRIELLE

DU 6 JUIN 1890

DÉTERMINANT LA

TENUE DE CAMPAGNE

(OFFICIERS ET TROUPE)

2ᵉ ÉDITION MISE A JOUR JUSQU'EN JUILLET 1891

PARIS	LIMOGES
11, Place Saint-André-des-Arts.	46, Nouvelle Route d'Aixe, 46.

IMPRIMERIE ET LIBRAIRIE MILITAIRES

Henri CHARLES-LAVAUZELLE

Éditeur.

1891

Librairie militaire Henri Charles-Lavauzelle

Paris, 11, place Saint-André-des-Arts.

RÉGLEMENT DU 14 JANVIER 1889, SUR L'ADMINISTRATION ET LA COMPTABILITÉ DES CORPS DE TROUPE (2ᵉ édition annotée et mise à jour). — Volume in-8º de 432 pages, broché.. 3 »
    Relié.. 3 75
    Intercalé de papier blanc.................................. 5 »
Le même, format des théories. — Volume in-32 de 272 pages, cartonné. 1 »
INSTRUCTION MINISTÉRIELLE DU 7 MAI 1891, relative à l'administration des militaires de l'armée territoriale convoqués en temps de paix, suivie des modèles prescrits par ladite instruction. — Br. in-8º de 44 pages..... » 40

Cette instruction abroge définitivement celle du 12 février 1878, déjà profondément modifiée par les décrets des 14 janvier 1889, 29 mai et 27 décembre 1890, et par l'édition refondue en 1838 du règlement du 12 juin 1867. Elle contient, en effet, toutes les dispositions spéciales applicables à l'armée territoriale qui n'avaient pu trouver place dans les décrets et règlements précités.

(Voir au chapitre *Armée territoriale.*)
DÉCRET DU 27 DÉCEMBRE 1890, SUR L'ADMINISTRATION nouvelle des quatre premières COMPAGNIES DE REMONTE. (*B. O.*, nº 78.)............... ...... » 10
DÉCRET DU 10 JUIN 1889, SUR LA COMPTABILITÉ DES CORPS DE TROUPE EN CAMPAGNE, avec rapport au Ministre, instruction et modèles (3ᵉ édition). — Brochure in-8º de 60 pages...................................... » 30
INSTRUCTION MINISTÉRIELLE DU 29 SEPTEMBRE 1888, relative au commandement et à l'administration des DÉTACHEMENTS D'OUVRIERS MILITAIRES D'ADMINISTRATION et d'infirmiers militaires aux armées en campagne. — Fascicule in-8º de 16 pages... » 25
INSTRUCTION MINISTÉRIELLE DU 27 NOVEMBRE 1887, sur la création, le but et le fonctionnement de la MASSE DES ÉCOLES. — Br. in-8º de 24 p.... » 30
DÉCISION MINISTÉRIELLE DU 3 DÉCEMBRE 1890 suspendant le fonctionnement de la MASSE DES ÉCOLES en temps de guerre. (*B. O.*, nº 84.)........ » 25
INSTRUCTION MINISTÉRIELLE DU 2 DÉCEMBRE 1886, réglant le fonctionnement de la MASSE DE PETIT ÉQUIPEMENT. — Fascicule in-8º de 16 pages.. » 25
RECUEIL DES DOCUMENTS OFFICIELS VISÉS PAR l'instruction du 2 décembre 1886, réglant le fonctionnement de la masse de petit équipement. — Fascicule in-8º de 16 pages.. » 25
RÈGLEMENT ET INSTRUCTION DU 16 NOVEMBRE 1887 sur le service de l'HABILLEMENT DANS LES CORPS DE TROUPE, modifié par décret du 18 mars 1889 ; modèles, tableaux et tarifs. — Volume in-8º de 184 pages, broché. 1 »
    Relié toile... 1 75
TARIFS DU 7 JUILLET 1881 indiquant le prix à allouer en temps de paix et en temps de guerre pour les réparations à effectuer aux effets d'habillement, de coiffure et de petit équipement. — Brochure in-8º de 52 pages... 1 »
INSTRUCTION MINISTÉRIELLE DU 1ᵉʳ MAI 1890 sur le mode d'adjudication de la fourniture des toiles à doublures en lin et en coton et des toiles en lin ou en chanvre dites trois fils, nécessaires au service de l'habillement et du campement du 1ᵉʳ janvier 1891 au 31 décembre 1893. — Brochure in-8º de 16 pages... » 30
CAHIER DES CHARGES POUR LA FOURNITURE DESDITES TOILES. — Brochure in-8º de 24 pages.. » 40
INSTRUCTION MINISTÉRIELLE DU 2 JANVIER 1891 sur le mode d'adjudication pour la fourniture des effets d'habillement, des chaussures, des effets de grand équipement et de coiffure, des fausses bottes et des accessoires divers à livrer au magasin administratif de Lille. — Br. in-8º de 12 pages.. » 25
CAHIER DES CHARGES DU 2 JANVIER 1891 régissant la même fourniture. — Brochure in-8º de 80 pages... ₺ 75
NOMENCLATURE DES MATIÈRES ET EFFETS POUR LE SERVICE DE L'HABILLEMENT ET DU CAMPEMENT, DU 27 DÉCEMBRE 1890. — Volume in-8º de 288 pages, broché.. 2 »

DÉCISION MINISTÉRIELLE DU 6 JUIN 1890

DÉTERMINANT LA

TENUE DE CAMPAGNE

(OFFICIERS ET TROUPE)

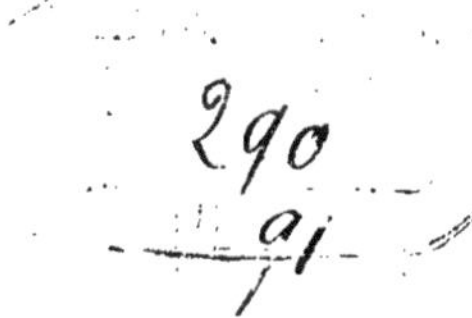

DÉCISION MINISTÉRIELLE

DU 6 JUIN 1890

DÉTERMINANT LA

TENUE DE CAMPAGNE

(OFFICIERS ET TROUPE)

2ᵉ ÉDITION MISE A JOUR JUSQU'EN JUILLET 1891

PARIS	LIMOGES
11, *Place Saint-André-des-Arts.*	46, *Nouvelle Route d'Aixe*, 46.

IMPRIMERIE ET LIBRAIRIE MILITAIRES

HENRI CHARLES-LAVAUZELLE

Éditeur.

1891

MARÉCHAUX DE FRANCE, GÉNÉRAUX DE DIVISION ET DE BRIGADE, INTENDANTS GÉNÉRAUX ET MÉDECIN INSPECTEUR GÉNÉRAL, INTENDANTS MILITAIRES, MÉDECINS ET PHARMACIEN INSPECTEURS. (*Activité, disponibilité et cadre de réserve.*)

DESIGNATION DE LA TENUE.	COMPOSITION DES TENUES.	OBSERVATIONS.
Tenue de campagne.	Képi. Dolman-pelisse. Culotte de drap avec bottes (1 et 2). Manteau et collet à capuchon de drap ou de caoutchouc. Sabre ou épée avec fourreau en acier nickelé. Dragonne de cuir. Revolver (3). Gants de couleur (4). Jumelle. *Harnachement.* Bride complète en cuir fauve. Selle en cuir fauve et sacoches avec sabots de métal. Couvre-sacoches en peau de tigre avec galon garance. Tapis en drap garance Bissac de campagne. Musette-mangeoire.	(1) **Jambières de drap et pantalon**. — L'usage de la culotte avec jambières de drap et celui du pantalon sont autorisés dans les mêmes circonstances qu'en temps de paix. (2) **Jambières de cuir**. — Les officiers généraux et assimilés sont autorisés à faire usage de jambières en cuir noir avec des brodequins et des éperons à la chevalière. (3) Porté dans son étui ou placé dans les sacoches. (4) En peau de chien de nuance rouge brun. (5) L'usage du bissac est facultatif. NOTA. — Les officiers généraux attachés au service d'état-major portent, en outre des aiguillettes, le brassard distinctif du service ainsi que l'insigne spécial déterminé pour le collet à capuchon.

OFFICIERS SANS TROUPE. (*Service d'état-major, corps et services particuliers.*)

	DÉSIGNATION DES CORPS OU SERVICES.									OBSERVATIONS CONCERNANT LE PORT DE CERTAINS EFFETS OU OBJETS.
	SERVICE D'ÉTAT-MAJOR. 1° Officiers hors cadre du service d'état-major et attachés militaires.	2° Officiers brevetés ou non, détachés dans le service d'État-major et officiers d'ordonnance.	Corps du contrôle de l'administration de l'armée.	Corps de l'Intendance. (Intendants généraux et intendants militaires exceptés.)	Corps de santé. (Médecins et pharmaciens, à l'exception de l'inspecteur général et des inspecteurs.)	Vétérinaires militaires.	Archivistes des bureaux de l'état-major.	Officiers d'administration du service de l'intendance, et du serv. de santé officiers d'administration et adjudants du service de la justice militaire.	Interprètes militaires.	
DÉSIGNATION DES EFFETS OU OBJETS.	Tenue de campagne de l'arme ou de la subdivision d'arme à laquelle appartient l'officier. (Le numéro du corps, la grenade et les attributs distinctifs de chaque arme sont remplacés par des foudres au collet.) Ces officiers portent, en outre des aiguillettes, le brassard distinctif du service d'état-major ainsi que l'insigne spécial déterminé pour le collet à capuchon.	Tenue de campagne des officiers montés du corps auquel ils appartiennent. Ces officiers portent en outre des aiguillettes, le brassard distinctif du service d'état-major ainsi que l'insigne déterminé pour le collet à capuchon.	Les contrôleurs chargés de missions portent les tenues du matin et du jour du temps de paix.	Képi. Vareuse. Culotte de drap avec bottes. Manteau et collet à capuchon de drap ou de caoutchouc. Revolver et son étui. Épée ou sabre avec dragonne de cuir. Gants de couleur.	Képi. Vareuse. Pantalon de drap et bottes ou brodequins (pour les médecins montés). Culotte de drap avec bottes (pour les médecins montés). Manteau et collet à capuchon de drap ou de caoutchouc. Revolver et son étui. Épée avec dragonne de cuir. Gants de couleur. Giberne avec trousse.	Képi. Vareuse. Culotte de drap avec bottes. Manteau et collet à capuchon de drap ou de caoutchouc. Revolver et son étui. Sabre avec dragonne de cuir. Gants de couleur.	Képi. Vareuse. Pantalon de drap. Bottes ou brodequins. Capote et collet à capuchon de drap ou de caoutchouc. Revolver et son étui. Épée sans dragonne. Gants de couleur.	Képi. Vareuse. Culotte de drap avec bottes pour les officiers montés. Pantalon et bottes ou brodequins pour les officiers non montés et les adjudants de la justice militaire. Manteau et collet à capuchon de drap ou de caoutchouc (capote pour les adjudants de la justice militaire.) Revolver et son étui. Épée sans dragonne (sabre sans dragonne pour les adjudants de la justice militaire). Gants de couleur.	Képi. Chéchia facultative pour les interprètes israélites ou musulmans. Dolman. Pantalon de drap (basané et avec sous-pieds pour les interprètes montés). Bottes ou brodequins (bottes avec éperons pour les interprètes montés). Manteau et collet à capuchon de drap ou de caoutchouc. Revolver et son étui. Sabre avec dragonne en poil de chèvre. Gants de couleur.	1° **Brassard de la convention de Genève.** — Le personnel neutralisé du service de santé (médecins, pharmaciens, officiers d'administration, aumôniers et officiers du train des équipages attachés à ce service) reçoit un brassard de la convention de Genève. 2° **Brodequins.** — Le port en est autorisé pour les officiers et assimilés ou les employés militaires non montés. 3° **Capote ou manteau et collet à capuchon.** — La capote est portée en sautoir par les officiers et assimilés et les employés militaires non montés; à cheval, le manteau est roulé et placé en arrière du trousséquin de la selle. Les officiers du service d'état-major (attachés militaires exceptés) portent sur le devant du collet mobile l'insigne distinctif de leur fonction. 4° **Dolman, tunique ou vareuse.** — Les officiers et assimilés et les employés militaires sont autorisés à porter un col blanc avec une cravate en soie noire, au lieu du col blanc fixé à la doublure du collet de l'effet. 5° **Gants de couleur.** — En peau de chien de nuance rouge-brun. 6° **Jambières et pantalon.** — L'usage de la culotte avec jambières de drap et celui du pantalon sont autorisés pour les officiers ou assimilés et les employés militaires montés dans les mêmes circonstances qu'en temps de paix. Les officiers ou assimilés et les employés montés ou non montés sont autorisés à faire usage de jambières en cuir noir avec des brodequins munis d'éperons à la chevillère pour ceux de ces officiers ou employés qui sont montés. 7° **Jumelle.** — L'usage de la jumelle est obligatoire pour les officiers et assimilés. Il est facultatif pour les employés militaires. 8° **Manteau.** — Le manteau est roulé en deux parties est fixé sur la selle; le collet mobile sur les sacoches. 9° **Munitions.** — Les officiers ou assimilés et les employés militaires emportent en campagne 18 cartouches de revolver. 10° **Porte-cartes.** — Les officiers de toutes armes employés dans le service d'état-major, les officiers d'ordonnance, les fonctionnaires de l'intendance et les médecins chefs de service, font usage d'un porte-cartes placé sur le côté droit du ceinturon ou sur les sacoches. 11° **Sacoche.** — Les officiers ou assimilés et les employés militaires non montés sont autorisés à faire usage d'une sacoche pouvant se porter indifféremment soit en bandoulière, soit sur le dos comme le havresac. NOTA. — Les dispositions du présent tableau ne sont pas applicables aux officiers des états-majors particuliers de l'artillerie et du génie dont les tenues sont indiquées dans les tableaux de ces armes.

HARNACHEMENT

OFFICIERS OU ASSIMILÉS, EMPLOYÉS MILITAIRES MONTÉS.

Selle et bride complètes.
Tapis.
Couverture placée sous le tapis.
Étui porte-avoine.
Bissac de campagne.
Musette-mangeoire.

INFANTERIE ET AUTRES TROUPES A PIED.

(*Armée active et armée territoriale.*)

1º Officiers et chefs de musique ; adjudants assimilés.

DÉSIGNATION DES EFFETS OU OBJETS	OBSERVATIONS.
Infanterie, chasseurs à pied, zouaves et tirailleurs algériens. **Officiers montés.** Képi. Vareuse. Culotte de drap avec bottes (1). Gants de couleur (2). Capote et collet à capuchon (de drap ou de caoutchouc) (3). Revolver et son étui (4). Sabre avec dragonne de cuir. Jumelle d'un modèle facultatif. **Harnachement.** Selle et bride complètes. Tapis. Couverture placée sous le tapis. Etui porte-avoine. Bissac de campagne. Musette-mangeoire. **Officiers non montés et chefs de musique ; adjudants et assimilés (sous-chefs de musique, Adjudants élèves d'administration).** Képi. Vareuse. Pantalon de drap (2). Brodequin ou bottes. Gants de couleur (2). Capote et collet à capuchon (de drap ou de caoutchouc) (3). Revolver et son étui (4). Sabre avec dragonne de cuir (en soie pour les chefs de musique) (5). Sacoche (6). Jumelle d'un modèle facultatif (7). **Officiers indigènes des tirailleurs algériens.** Chéchia sans turban. Veste avec gilet de petite tenue. Pantalon de drap avec bottes du modèle spécial à ces officiers. Gants de couleur (2). Ceinture de laine. Caban à capuchon. Revolver et son étui (4). Sabre avec dragonne de cuir. Sacoche (6). Jumelle d'un modèle facultatif.	(1) **Jambières.** — Les officiers montés ou non montés et les adjudants sont autorisés à porter. soit à cheval, soit à pied, avec la culotte ou le pantalon, des jambières en cuir noir avec des brodequins. Ces chaussures sont munies d'éperons à la chevalière pour les officiers montés. Les mêmes officiers et adjudants sont autorisés à faire usage avec la culotte, en dehors du service et dans tout service à pied où le pantalon d'ordonnance peut être porté, de jambière en drap simulant le bas du pantalon. (2) En peau de chien de nuance rouge brun. (3) **Capote** — Pour les officiers montés, la capote est roulée contre le trousrequin de la selle sur le prolongement mobile ; elle est portée en sautoir par les officiers non montés et les adjudants ou assimilés. (4) Les officiers et les adjudants emportent en campagne 18 cartouches de revolver. (5) Les adjudants élèves d'administration portent l'épée à fourreau d'acier sans dragonne. (6) Les officiers non montés, les chefs de musique et les adjudants ou assimilés sont autorisés à faire usage d'une sacoche pouvant se porter indifféremment, soit en bandoulière, soit sur le dos comme le havresac. (7) L'usage de la jumelle est facultatif pour les adjudants et assimilés. NOTA. — Le sifflet est emporté par les commandants de compagnie. Les officiers sont autorisés à porter un col blanc avec une cravate en soie noire, au lieu du col blanc fixé à la doublure du collet de l'effet. *Officiers de chasseurs alpins.* — En sus des effets ou objets ci-dessus, les officiers des chasseurs alpins sont autorisés à porter sous la vareuse ouverte un gilet en drap noir avec boutons métalliques. Ils doivent être munis d'une canne ferrée et d'une boussole-breloque.

SECTIONS.												
	DÉSIGNATION des EFFETS OU OBJETS.	Infanterie et chasseurs à pied.		Zouaves et tirailleurs algériens.		de commis et ouvriers militaires d'administration.		d'infirmier militaires.		de secrétaires d'état-major. Secrétaires montés.		Secrétaires non montés.	
		H	P	H	P	H	P	H	P	H	P	H	P
	Plaque d'identité avec cordon ..	1	»	1	»	1	»	1	»	1	»	1	»
Habillement.	Bandes molletières pour chasseurs alpins	1	»	»	»	»	»	»	»	»	»	»	»
	Bâton ferré pour chasseurs alpins	1	»	»	»	»	»	»	»	»	»	»	»
	Bourgeron de toile	»	»	»	»	»	1(1)	»	»	»	»	»	»
	Capote	1	»	»	»	1	»	1	»	»	»	1	»
	Collet à capuchon	»	»	»	1	»	»	»	»	»	»	»	»
	Ceinture de flanelle	1	»	1	»	1	»	1	»	1	»	1	»
	Ceinture de laine	1(2)	»	1	»	»	»	»	»	»	»	»	»
	Dolman pour les secrétaires des états-majors de cavalerie (tunique pour les secrétaires montés affectés aux états-majors d'infanterie)	»	»	»	»	»	»	»	»	1	»	»	»
	Gilet de zouaves et de tirailleurs	»	»	1	»	»	»	»	»	»	»	»	»
	Guêtres jambières de drap	»	»	1	»	»	»	»	»	»	»	»	»
	Jersey pour les chasseurs alpins	1	»	»	»	»	»	»	»	»	»	»	»
	Manteau (A)	»	»	»	»	»	»	»	»	»	1	»	»
	Pantalon de cheval (A)	»	»	»	»	»	»	»	»	1	»	»	»
	Pantalon de drap	1	»	1(3)	»	1	»	1	»	»	»	1	»
	Portemanteau (secrétaires des états-majors d'infanterie habillés en hommes montés du train (4))	»	»	»	»	»	»	»	»	»	1	»	»
	Tunique n° 1 (4) ou vareuse dolman pour les chasseurs alpins	»	1(4)	»	»	»	1(4)	»	1(4)	1(4)	»	»	1(4)
	Veste (A)	»	1(5)	1	»	»	1(5)	»	1(5)	»	1(5)	»	1(5)
Coiffure.	Chéchia avec gland	»	»	1	»	»	»	»	»	»	»	»	»
	Képi ou béret pour chasseurs alpins	1	»	»	»	1	»	1	»	1	»	1	»
Grand équipement.	Bretelle de carabine (6)	»	»	»	»	1	»	1(7)	»	»	»	1	»
	Bretelle de fusil	1(8)	»	1(8)	»	»	»	»	»	»	»	»	»
	Cartouchière (ou poche à cartouches ou giberne)	2(8)	»	2(8)	»	1(8)	»	1(6)(7)	»	»	»	1(6)	»
	Ceinturon avec bélière	»	»	»	»	»	»	»	»	1	»	»	»
	Ceinturon avec porte-épée	1(9)	»	1(9)	»	»	»	»	»	»	»	»	»
	Ceinturon avec porte-sabre	»	»	»	»	1(9)	»	1(9)	»	»	»	1(9)	»
	Dragonne de sabre	1(10)	»	1(10)	»	1(10)	»	1(10)	»	1	»	1(10)	»

OBSERVATIONS.

H. Sur l'homme.
P. Dans son paquetage.

(1) Pour les caporaux et soldats du service d'exploitation seulement.

(2) Pour les chasseurs alpins.

(3) Sur l'homme ou dans le paquetage suivant l'ordre donné.

(4) Pour les caporaux-fourriers et tous les sous-officiers d'infanterie et des diverses sections, sans distinction de catégories, ainsi que pour les secrétaires montés affectés aux états-majors d'infanterie.

(5) Excepté les caporaux-fourriers et tous les sous-officiers d'infanterie et des diverses sections, sans distinctions de catégories.

(6) Excepté les sergent-majors qui sont tous armés du revolver.

(7) Si la puissance contre laquelle on opère n'a pas signé la convention de Genève, les infirmiers militaires sont armés et équipés comme les ouvriers d'administration ; dans le cas contraire, les infirmiers militaires (sergents-majors exceptés) ne sont armés que du sabre série Z.

(8) À l'exception des militaires armés du revolver (renvoi 11) et de ceux énumérés au premier alinéa du renvoi 25. Les infirmiers régimentaires reçoivent deux cartouchières d'infirmerie.

(9) Les militaires énumérés au renvoi 10 portent le ceinturon en cuir verni. Le porte-fourreau du sabre est substitué au porte-épée pour les militaires énumérés au premier alinéa du renvoi 25.

(10) Pour les sergents-majors, les tambours-majors, les sergents-majors clairons, les sergent-majors vaguemestres, les sergents-majors chefs du service des réapprovisionnements de munitions et les médecins auxiliaires.

DÉSIGNATION des EFFETS OU OBJETS	Infanterie et chasseurs à pied — H	P	Zouaves et tirailleurs algériens — H	P	SECTIONS de commis et ouvriers militaires d'administration — H	P	SECTIONS d'infirmiers militaires — H	P	SECTIONS de secrétaires d'état-major, Secrétaires montés — H	P	Secrétaires non-montés — H	P
Grand équipement. (Suite.) — Etui de revolver (avec lanière pour les sergents-majors chefs du service des réapprovisonnements de munitions, de secrétaires montés et les conducteurs de caissons de munitions (11) (A)	1	»	1	»	1	»	1	»	1	»	1	»
Havresac (12)	1	»	1	»	1	»	1	»	»	»	1	»
Portefeuille de secrétaire	»	»	»	»	»	»	»	»	1	»	1	»
Petit équipement. — Bottines avec éperons (paires) (A)	»	»	»	»	»	»	»	»	1	»	»	»
Bretelles (paire) (A)	1	»	»	»	1	»	1	»	1	»	1	»
Brodequins (paire)	1	»	»	»	1	»	1	»	»	»	1	»
Caleçon	1	»	1	»	1	»	1	»	1	»	1	»
Calotte de coton	»	1	»	»	»	1	»	1	»	1	»	1
Chemise (A)	1	1	1	1	1	1	1	1	1	1	1	1
Courroie de capote ou de manteau (A)	»	1	»	»	»	1	»	1	»	1	»	1
Cravate (A)	1	»	»	»	1	»	1	»	1	»	1	»
Effets de pansage (D) — Brosse en crin	»	»	»	»	»	»	»	»	»	1(13)	»	»
Ciseaux	»	»	»	»	»	»	»	»	»	1	»	»
Corde à fourrages	»	»	»	»	»	»	»	»	»	1	»	»
Éponge	»	»	»	»	»	»	»	»	»	1	»	»
Étrille	»	»	»	»	»	»	»	»	»	1	»	»
Musette de pansage	»	»	»	»	»	»	»	»	»	1(13)	»	»
Effets de petite monture — Brosse, Boîte à graisse	»	1(14)	»	1(14)	»	1(14)	»	1(14)	»	1(14)	»	1(14)
Brosse d'armes	»	1(14)	»	1(14)	»	1(14)	»	1(14)	»	1(14)	»	1(14)
Brosse à habits	»	1(14)	»	1(14)	»	1(14)	»	1(14)	»	1(14)	»	1(14)
Brosse double à chaussures	»	1(14)	»	1(14)	»	1(14)	»	1(14)	»	1(14)	»	1(14)
Cuiller	»	1	»	1	»	1	»	1	»	1	»	1
Trousse garnie	»	1	»	1	»	1	»	1	»	1	»	1
Étui musette	1	»	1	»	1	»	1	»	1	»	1	»
Gamelle individuelle (15)	»	1	»	1	»	1	»	1	»	1	»	1
Guêtre de toile (paire) (A)	»	1	»	»	»	1	»	1	»	1	»	1
Guêtres jambières de toile (paires)	»	»	»	»	1	»	»	»	»	»	»	»
Livret individuel	1	»	1	»	1	»	1	»	1	»	1	»
Morceau de savon	»	1	»	1	»	1	»	1	»	1	»	1
Mouchoir	1	1	1	1	1	1	1	1	1	1	1	1
Pantalon de toile pour zouaves et tirailleurs algériens	»	»	»	1(9)	»	»	»	»	»	»	»	»
Pantalon de treillis (1)	»	»	»	»	»	1(1)	»	»	»	»	»	»
Quart	1	»	1	»	1	»	1	»	1	»	1	»
Sac à avoine (A)	»	»	»	»	»	»	»	»	1	»	»	»
Souliers (paire) (A)	»	1	»	1	»	1	»	1	»	1	»	1

OBSERVATIONS.

H. Sur l'homme.
P. Dans son paquetage.

(11) Les militaires dénommés au renvoi 10 ainsi que les sergents chargés du service des réapprovisionnements de munitions, les caporaux tambours, les conducteurs de caissons de munitions, les soldats pourvoyeurs de munitions, les conducteurs de chevaux de main, les soldats ordonnances énumérés à la page 13 (excepté ceux des médecins qui n'emportent que le sabre), les tambours et les secrétaires montés sont armés du revolver.

(12) Les sergents-majors et les sergents rengagés portent le havresac en campagne. Les infirmiers régimentaires reçoivent au havresac d'infirmerie.

(13) À l'exception des sous-officiers.

(14) Dans l'infanterie, 4 jeux de brosses et 4 boîtes à graisse par escouade (l'effectif de guerre est de 14 hommes et 1 caporal), dans les sections une collection par groupe de 4 hommes dans les détachements constitués et une collection par homme pour ceux qui doivent opérer individuellement.

(15) Jusqu'à la mise en service du nécessaire individuel de campement.

(16) 4 marmites 4 gamelles par escouade et 1 gamelle et 1 marmite par 4 hommes dans les sections, jusqu'à la mise en service du nécessaire individuel de campement.

(17) Pour 8 hommes dans les sections et 1 hachette par escouade dans l'infanterie, à l'exception des escouades déjà pourvues, d'une hachette à main. (Renvoi 30.)

(18) 1 pour deux escouades ou 1 par groupe de 18 hommes dans les sections.

(19) Petit bidon de cavalerie avec quart adhérent.

(20) 2 par escouade ou 1 pour 8 hommes dans les sections.

(21) 2 seaux par escouade pour toutes les troupes pourvues du matériel de campement actuellement en usage (ustensiles à quatre), et en Afrique seulement pour les troupes pourvues du nécessaire individuel du campement.

(22) 1 seau pour 8 hommes dans les sections, dans les conditions indiquées pour l'infanterie.

(23) Pour 2 cavaliers.

(24) 4 par escouade plus 1 à chaque sergent et fourrier dans l'infanterie ; 1 pour 4 hommes dans les sections.

(25) Les tambours, les musiciens, les infirmiers régimentaires, les ordonnances des médecins et les conducteurs de voitures médicales ou du mulets porteurs de cantines médicales sont pourvus du sabre série Z. (Sont exceptés les infirmiers des régiments de zouaves d'Afrique qui sont armés du fusil)
Les conducteurs de caissons de munitions, les ordonnances des officiers supérieurs et les conducteurs de chevaux de main n'ont pas le sabre.

(26) Excepté les militaires armés du revolver (renvoi 11) ainsi que ceux énuméré au renvoi 25.

	EMPAQUETAGE MODÈLE 1886.	EMPAQUETAGE MODÈLE 1879-83.
(27) Caporaux et soldats	112 cartouches.	75 cartouches.
Sous-officiers et caporaux fourriers	15 cartouches.	30 cartouches.

Les paquets de cartouches sont répartis entre les différents objets de grand équipement en service dans le corps. On n'en met dans le havresac qu'à défaut de place dans les autres effets.

(28) Une boîte pour 2 hommes.

(29) Par cheval. Un harnachement pour 'e sergent-major chef du service des réapprovisionnements de munitions.

(30) Par compagnie, 32 pelles-bêches, 8 pioches, 4 pics, 3 haches et 1 scie articulée, en sus des 13 hachettes indiquées au renvoi 17.
Dans chaque bataillon le sergent chargé du service des réapprovisionnements de munitions reçoit une scie articulée ; 1 un des pourvoyeurs reçoit une hache portative et l'autre une serpe.

(A) Les sergents-majors chefs du service des réapprovisionnements de munitions et les conducteurs de caissons à munitions (infanterie et chasseurs à pied), reçoivent des effets d'hommes montés : manteau (sans écussons à numéros) et pantalon de cheval à l'uniforme du train des équipages militaires ou des chasseurs à pied, brodequins éperonnés, étui et lanière de revolver, portemanteau, bretelles de pantalon pour hommes montés, sous-pieds de pantalon de cheval (avec une paire de rechange), tunique (pour les sergents-majors) ou veste (pour les conducteurs). Ces conducteurs reçoivent, en outre une paire de souliers et de guêtres de toile comme chaussures de repos et une paire de sous-pieds de guêtres de rechange.

DÉSIGNATION des EFFETS OU OBJETS	Infanterie et chasseurs à pied (H)	(P)	Zouaves et tirailleurs algériens (H)	(P)	de commis et ouvriers militaires d'administration (H)	(P)	d'infirmiers militaires (H)	(P)	Secrétaires montés (H)	(P)	Secrétaires non-montés (H)	(P)
Petit équipement. (Suite). Sous-pieds de rechange pour guêtres ou pantalon de cheval (paire) (A)	»	1	»	1	»	1	»	1	»	2	»	1
Campement. (D). Gamelle de campement (16)	»	1	»	1	»	1	»	1	»	»	»	1
Hachette	»	1(17)	»	1(17)	»	1(17)	»	1(17)	»	»	»	»
Marmite de campement (16)	»	1	»	1	»	1	»	1	»	»	»	1
Moulin à café (18)	»	1	»	1	»	1	»	1	»	»	»	»
Petit bidon de 1 litre (2 litres en Afrique) avec courroie et enveloppe	1	»	1	»	1	»	1	»	1(19)	»	1	»
Sac à distribution (20)	»	1	»	1	»	1	»	1	»	»	»	1
Sachets pour vivres de réserve	»	2	»	2	»	2	»	2	»	2	»	2
Seau en toile	»	1(21)	»	1(21)	»	1(22)	»	1(22)	»	1(23)	»	1(23)
Armement. Carabine avec sabre-baïonnette (6)	»	»	»	»	1	»	1(7)	»	»	»	1	»
Fusil avec épée-baïonnette	1(8)	»	1(8)	»	»	»	»	»	»	»	»	1(24)
Nécessaire d'armes	»	1(24)	»	1(24)	»	1(24)	»	1(7)(24)	»	1	»	1
Revolver (11) (A)	1	»	1	»	1	»	1	»	1	»	1	»
Sabre de cavalerie légère (A)	»	»	»	»	»	»	»	»	1	»	»	»
Sabre d'adjudant (10)	1	»	1	»	1	»	1(7)	»	»	»	»	»
Sabre série Z (A)	1(25)	»	1(25)	»	»	»	»	»	»	»	»	»
Munitions. Paquets de cartouches (de carabine (6))	»	»	»	»	3	3	3(7)	3(7)	»	»	3	3
Paquets de cartouches (de fusil (26))	(27)	(27)	(27)	(27)	»	»	»	»	»	3	2	1
Paquets de cartouches (de revolver (11))	2	1	2	1	2	1	2	1	»	1	»	1
Vivres et fourrages. (C) Deux jours de biscuit	»	1	»	1	»	1	»	1	»	1	»	1
Deux jours de petits vivres	»	1	»	1	»	1	»	1	»	1	»	1
Deux jours de viande de conserve (28)	»	1	»	1	»	1	»	1	»	1	»	1
Deux portions de potage condensé	»	1	»	1	»	1	»	1	»	1	»	1
Un jour d'avoine (29)	»	1	»	1	»	1	»	1	»	1	»	1
Outils portatif (30)	»	1	»	1	»	1	»	1	»	1	»	»
Harnachement. (29) Couverture	»	»	»	»	»	»	»	»	1	»	»	»
Étui porte-avoine	»	»	»	»	»	»	»	»	1	»	»	»
Ferrure	»	»	»	»	»	»	»	»	1	»	»	»
Musette-mangeoire	»	»	»	»	»	»	»	»	1	»	»	»
Selle et brides complètes	»	»	»	»	»	»	»	»	1	»	»	»
Surfaix	»	»	»	»	»	»	»	»	1	»	»	»

OBSERVATIONS.

H. Sur l'homme.
P. Dans son paquetage.

Les secrétaires montés affectés aux états-majors d'infanterie reçoivent des brodequins éperonnés en remplacement de bottines.

Les conducteurs de caissons à munitions des zouaves et des tirailleurs sont habillés en hommes montés du train des équipages; ils reçoivent deux chemises à col, une cravate, un pantalon de treillis et une courroie de capote.

Les conducteurs de voitures, de chevaux haut le pied et de mulets des corps de troupe reçoivent des effets à l'uniforme de leur corps; ceux des états-majors reçoivent des effets à l'uniforme d'un des régiments de la brigade ou de la division auxquels ils sont affectés. Les effets de ces deux dernières catégories de conducteurs ne sont pas pourvus d'écussons à numéros.

ORDONNANCES.

(Circulaire confidentielle du 28 décembre 1888, n° 97.)

Soldats ordonnances des fonctionnaires de l'intendance, des médecins autres que ceux des corps de troupe, des officiers d'administration montés. — Reçoivent, en principe, les mêmes effets à l'uniforme du train que les conducteurs de caissons à munitions d'infanterie, ou, à défaut, des effets spéciaux d'hommes montés à l'uniforme de la cavalerie ou de l'artillerie, une collection d'effets de pansage et un sac à avoine.

Soldats ordonnances des officiers brevetés ou non, appartenant à des régiments et qui sont employés dans les états-majors. — Les soldats ordonnances, appartenant à des troupes à pied, sont habillés et équipés comme les conducteurs de caissons à munitions; ceux appartenant aux troupes à cheval prennent la tenue de campagne de leur arme, avec le képi. Ces militaires reçoivent l'armement affecté aux ordonnances de l'escadron du train dans lequel ils sont versés, une collection d'effets de pansage et un sac à avoine.

Soldats ordonnances des colonels, des lieutenants colonels, des officiers supérieurs brevetés ou non et des officiers ou assimilés pourvus de deux chevaux à la mobilisation. — Reçoivent la tenue des conducteurs de caissons à munitions et une collection d'effets de pansage, y compris le sac à avoine. Les ordonnances des officiers énumérés dans les trois premiers alinéas reçoivent le revolver, à l'exclusion du sabre; par exception, ceux des médecins ne portent que le sabre.

La tenue des médecins et pharmaciens auxiliaires, déterminée par la décision ministérielle du 19 mai 1886 et le règlement du 7 juillet 1887, se compose d'effets pourvus d'attributs spéciaux et à l'uniforme soit du corps auquel ils sont affectés, soit des sections d'infirmiers, s'ils sont attachés à un hôpital, à une ambulance ou bien affectés à des régiments de zouaves ou de tirailleurs.

Il est délivré un brassard : 1° aux conducteurs de caissons de munitions dans les régiments de zouaves et de tirailleurs algériens, 2° aux conducteurs de voitures, de chevaux haut le pied et de mulets des corps de troupe et des états-majors; 3° aux infirmiers régimentaires, aux médecins auxiliaires, aux infirmiers des sections, aux conducteurs des voitures médicales régimentaires et des mulets, porteurs de cantines médicales, aux soldats ordonnances des médecins et les brancardiers d'ambulance (ce brassard, qui est celui de la convention de Genève, confère la neutralité à cette catégorie de militaires); 4° aux brancardiers régimentaires (ce dernier brassard ne confère pas la neutralité).

(B) Dans certains cas, les troupes sont pourvues de couvertures de campement et de sacs-tentes-abris avec accessoires.

(C) Non compris 2 jours de pain, 2 jours de petits vivres et 1 jour d'avoine emportés au départ au titre des vivres de débarquement, et le foin et l'avoine également emportés au départ pour la nourriture des chevaux pendant leur transport en chemin de fer.

(D) *Effets de pansage.* — Les conducteurs de caissons à munitions et les conducteurs de voitures et de mulets des différents corps ou services reçoivent une collection d'effets de pansage, un sac à avoine et un fouet. Il en est de même pour les conducteurs de chevaux haut le pied, à l'exception du fouet.

NOTA. — Tous les effets qui ne figurent pas au nombre de ceux que la troupe doit emporter en campagne sont laissés en magasin.

CAVALERIE.

(Armée active et armée territoriale.)

1° Officiers.

Régiments de cavalerie de France, cavaliers de remonte, chasseurs d'Afrique.

DÉSIGNATION DES EFFETS OU OBJETS	OBSERVATIONS.
Officiers des régiments de cavalerie de France et des chasseurs d'Afrique. Casque, shako ou képi (selon la subdivision d'arme). Dolman ou tunique (selon la subdivision d'arme) (1). Epaulettes ou pattes d'épaules en poil de chèvre (selon la subdivision d'arme). Culotte de drap avec bottes (2). Gants de couleur (3). Manteau de drap ou de caoutchouc. Revolver et son étui (4). Sabre avec dragonne de cuir. Cuirasse pour les cuirassiers. Jumelle d'un modèle facultatif. Porte-carte (5). *Harnachement.* Selle et bride complètes. Tapis. Couverture placée sous le tapis. Etui porte-avoine. Mussette-mangeoire. Sac de campagne (6).	(1) Les officiers sont autorisés à porter un col blanc avec une cravate en soie noire au lieu du col blanc fixé a la doublure du collet de l'effet. (2) **Jambières et pantalon.** — Le port de jambières en cuir et de brodequins avec éperons à la chevalière est facultatif en remplacement de la botte. L'usage de la culotte avec jambières de drap et celui du pantalon sont autorisés dans les mêmes circonstances qu'en temps de paix. (3) En peau de chien de nuance rouge brun. (4) Les officiers emporteront en campagne 18 cartouches de revolver (5) Le porte-cartes est placé sur le côté droit du ceinturon ou sur les sacoches. (6) L'usage du sac est facultatif. Nota. — Le sifflet est emporté par les capitaines commandants et les chefs de peloton.

2° Troupe.

RÉGIMENTS DE CAVALERIE DE FRANCE. CHASSEURS D'AFRIQUE (A).

H. — Sur l'homme.
P. — Dans le paquetage.

DÉSIGNATION des DES EFFETS OU OBJETS.	Cavalier monté.		Cavalier non monté.		Télégraphiste.		Infirmier, porte-sacoches, conducteur de voitures médicales ou de transport des blessés.		Conducteur de fourgons, ordonnances du colonel et du lieutenant-colonel.		Conducteur de la forge.	
	H	P	H	P	H	P	H	P (8)	H	P (9)	H	P
Plaque d'identité avec cordon..	1	»	1	»	1	»	1	»	1	»	1	»
HABILLEMENT. Ceinture de flanelle..	1	»	1	»	1	»	1	»	1	»	1	»
Ceinture de laine pour les chasseurs d'Afrique..	1	»	1	»	1	»	1	»	1	»	1	»
Épaulettes (corps qui les portent)..	1	»	1	»	1	»	1	»	1	»	1	»
Manteau..	»	1	1	»	»	1(1)	»	1(1)	1	»	»	1
Matelassure de cuirasse..	1	»	»	»	»	»	»	»	»	»	»	»
Pantalon de cheval..	1	»	1(2)	»	1	»	1(2)	»	1(2)	»	1	»
Tunique ou dolman (veste pour les chasseurs d'Afrique)..	1	»	1	»	1	»	1	»	1	»	1	»
COIFFURE Calotte de drap (3)..	»	1	»	1	»	1	»	1	»	»	»	1
Casque, shako ou casquette (selon l'arme)..	1	»	1	»	1	»	»	»	»	»	»	»
Képi (chéchia pour les chasseurs d'Afrique)..	»	»	»	»	»	»	1	»	1	»	1	»
GRAND ÉQUIPEMENT. Bretelle de carabine (dragons et légère).	1(4)	»	1	»	»	»	»	»	»	»	»	»
Ceinturon avec bélière	1	»	»	»	1	»	»	»	»	»	»	»
Dragonne..	1	»	»	»	1	»	»	»	»	»	»	»
Étui et lanière de revolver (5)..	1	»	1	»	1	»	»	»	1	»	1	»
Giberne et sa banderole (dragons et légère)	1(4)	»	1	»	»	»	»	»	»	»	»	»
PETIT ÉQUIPEMENT. Bottines avec éperons	1	»	»	»	1	»	»	»	»	»	1	»
Bretelles de pantalon.	1	»	1	»	1	»	1	»	1	»	1	»
Brodequins..	»	»	1(6)	»	»	»	1(6)	»	1(6)	1	»	1
Caleçons..	1	»	1	»	1	»	1	»	1	»	1	»
Chemises..	1	1	1	1	1	1	1	1	1	»	1	1
Col ou cravate..	1	»	1	»	1	»	1	»	1	»	1	»
Courroie de manteau.	»	1	1	»	»	1	»	1	1	»	»	1
Effets de pansage. Brosse en crin (7)	»	1	»	»	»	1	»	1	»	1	»	1
Ciseaux..	»	1(6)	»	»	»	1	»	»	»	»	»	»
Corde à fourrages..	»	1	»	1	»	1	»	1	»	1	»	1
Éponge..	»	1	»	»	»	1	»	1	»	1	»	1
Étrille..	»	1(7)	»	»	»	1	»	1	»	1	»	1
Sac à avoine..	»	1	»	1	»	1	»	1	»	1	»	1

OBSERVATIONS.

Les adjudants ont la même tenue que les officiers de leur arme moins la culotte et les bottes à l'écuyère qui sont remplacées par le pantalon de cheval et les bottes avec éperons comme en temps de paix.

L'usage de la jumelle est facultatif pour les adjudants.

Les médecins auxiliaires, attachés aux régiments de cavalerie, portent la tenue des sous-officiers du corps avec attributs spéciaux déterminés par la décision ministérielle du 19 mai 1886 et le règlement spécial du 6 avril 1888.

Il est délivré un brassard de la convention de Genève aux infirmiers, aux porte-sacoches, aux conducteurs de voitures médicales ou de transport de blessés et aux soldats-ordonnances des médecins.

En cas de guerre avec une puissance n'ayant point adhéré à la convention de Genève, les infirmiers, les porte-sacoches et les conducteurs de voitures médicales devront avoir en plus :

Un étui et une lanière de revolver, un sachet à cartouches, un revolver et 5 paquets de cartouches de revolver.

Un brassard d'un modèle particulier est également délivré aux conducteurs des fourgons.

Les conducteurs de chevaux de main doivent conserver la tenue des cavaliers du rang.

(1) Les télégraphistes portent le manteau en sautoir quand les instruments de télégraphie empêchent de placer cet effet sur le cheval ; les infirmiers et les porte-sacoches le placent dans le paquetage.

(2) Les cavaliers non montés et les conducteurs de voitures portent le pantalon de cheval ou le pantalon de treillis suivant la saison.

(3) Galonnée pour les gradés.

(4) À l'exception des sous-officiers, des brigadiers fourriers, du brigadier chargé de l'infirmerie des hommes, des trompettes, des maréchaux ferrants et des aides, des ordonnances du colonel et du lieutenant-colonel, du secrétaire monté du colonel, des télégraphistes, des conducteurs de fourgons et de forge, des sapeurs et des élèves-sapeurs, qui sont armés du revolver.

(5) Pour les cuirassiers et dans les autres corps, donnés seulement aux catégories de militaires énumérées au renvoi 4.

(6) Les hommes non montés et les conducteurs de voitures reçoivent des brodequins éperonnés en remplacement des bottines.

(7) À l'exception des sous-officiers et brigadiers fourriers.

(8) Pour les sous-officiers seulement.

RÉGIMENTS DE CAVALERIE DE FRANCE ET CHASSEURS D'AFRIQUE (A).

DÉSIGNATION des EFFETS OU OBJETS.	Cavalier monté.		Cavalier non monté.		Télégraphiste.		Infirmier, porte-sacoches, conducteur de voitures médicales ou de transport des blessés.		Conducteur de fourgons, ordonnances du colonel et du lieutenant-colonel.		Conducteur de la forge.	
	H	P	H	P	H	H	H	P (a)	H	P (a)	H	P
PETIT ÉQUIPEMENT. (*Suite*). — *Effets de petite monture :* Boîte à graisse (9)	»	1	»	1	»	1	»	»	»	1	»	1
Brosse à habits (9)	»	1	»	1	»	1	»	1	»	1	»	1
Brosse à laver (9)	»	1	»	1	»	1	»	1	»	1	»	1
Brosse d'armes (9)	»	1	»	1	»	1	»	»	»	1	»	1
Cuiller	»	1	1	»	»	1	»	1	»	1	»	1
Trousse garnie	»	1	»	1	»	1	»	1	»	1	»	1
Etui-musette (10)	1	»	1	»	1	»	1	»	1	»	1	»
Gamelle individuelle	»	1	1	»	»	1	»	1	»	1	»	1
Livret individuel	1	»	1	»	1	»	1	»	1	»	1	»
Morceau de savon	»	1	»	1	»	1	»	1	»	1	»	1
Mouchoir	1	»	1	»	1	»	1	»	1	»	1	»
Paires de sous-pieds	1	1	»	2	1	1	1	1	1	1	1	1
Pantalon de treillis	»	1	»	1 (2)	»	1	»	1 (2)	»	1 (2)	»	1
Pompon (selon l'arme)	1	»	1	»	1	»	»	»	»	»	»	»
Sachet à cartouches	»	1	1	»	»	1	»	»	»	1	»	1
Sifflet et son cordon (11)	1	»	1	»	1	»	»	»	»	»	»	»
CAMPEMENT. Bidon individuel avec quart adhérent, courroie et enveloppe (peau de bouc pour les chasseurs d'Afrique)	1	»	1	»	1	»	1	»	1	»	1	»
Etui de gamelle individuelle	»	1	1	»	»	1	»	1	»	1	»	1 (9)
Sachet à vivres	»	1	1	»	»	1	»	1	»	1	»	1
Seau en toile	»	1 (9)	»	»	»	1 (9)	»	1	»	1	»	1
ARMEMENT. Carabine (4) et son nécessaire d'armes (12)	1	»	1	»	»	»	»	»	»	»	»	»
Cuirasse	1	»	»	»	»	»	»	»	»	»	»	»
Revolver et son nécessaire d'armes (12)	1	»	1	»	1	»	»	»	1	»	1	»
Sabre	1	»	»	»	1	»	»	»	»	»	»	»
MUNITIONS. Paquets de cartouches pour carabine	3	3	6	»	»	»	»	»	»	»	»	»
pour revolver	2	3	5	»	2	3	»	»	2	3	2	3
Pétards	»	1	»	»	»	»	»	»	»	»	»	»

OBSERVATIONS.

H. — Sur l'homme.

P. — Dans le paquetage.

(9) Pour 2 cavaliers.

(10) Est porté en sautoir ou lorsqu'il est vide mis dans le paquetage : les conducteurs le placent dans leurs voitures.

(11) Pour les sous-officiers seulement.

(12) Le nécessaire d'armes et la clef à crampon à vis sont emportés par les brigadiers seulement.

(A) En cas de mobilisation, si les chasseurs d'Afrique sont appelés en Europe, ils prennent la tenue de campagne des régiments de cavalerie de l'intérieur, avec les modifications suivantes : ils continuent à faire usage de la ceinture en laine, la veste remplace le dolman, la chéchia la calotte, la peau de bouc le bidon ; le sabre est porté à la ceinture.

Ils ne recevront pas de pétards de mélinite tant que le harnachement n'aura pas subi les modifications prescrites par la circulaire ministérielle du 14 août 1884.

Ils recevront des marmites de peloton en même temps que les voitures régimentaires.

Aucune modification n'est apportée au paquetage spécial des troupes de cavalerie opérant en Algérie.

(a) Dans le sac de l'homme placé dans la voiture qu'il conduit.

2° Troupe (*Suite*).

DÉSIGNATION des EFFETS OU OBJETS.	RÉGIMENTS DE CAVALERIE DE FRANCE ET CHASSEURS D'AFRIQUE (A.)											
	Cavalier monté.		Cavalier non monté.		Télégraphiste.		Infirmier, porte-sacoches, conducteur de voitures médicales ou de transport des blessés.		Conducteur de fourgons, ordonnances du colonel et du lieutenant-colonel.		Conducteur de la forge.	
	H	P	H	P	H	P	H	P (a)	H	P (a)	H	P
VIVRES ET FOURRAGES. (c) { Un repas d'avoine...	»	1	»	»	»	1	»	1 (13)	»	2 (13)	»	2 (13)
5 rations de sucre et café............	«	1	1	»	»	.	»	1	»	1	»	1
OUTILS (14)................	»	»	»	»	»	»	»	»	»	»	»	»
HARNACHEMENT { Bride complète......	»	1	»	»	»	1	»	1	»	»	»	1
Couverture (15)......	»	»	»	»	»	»	»	»	»	»	»	»
Ferrure (16).........	»	»	»	»	»	»	»	»	»	»	»	»
Harnais complet (17).	»	»	»	»	»	»	»	»	»	»	»	»
Musette - mangeoire (18).............	»	»	»	»	»	»	»	»	»	»	»	»
Selle complète......	»	1	»	»	»	1	»	1	»	»	»	1
Surfaix de couverture (15)..............	»	»	»	»	»	»	»	»	»	»	»	»

OBSERVATIONS.

H. — Sur l'homme.

P. — Dans le paquetage.

(13) L'avoine des chevaux d'attelage est placée sur leurs voitures.

(14) Par escadron, deux haches, deux pelles, quatre pioches, quatre scies articulées et une cisaille avec ses accessoires portées par les sapeurs et les élèves-sapeurs.

(15) Par cheval une couverture et un surfaix.

(16) Par cheval, 1/2 ferrure et 24 clous dont 8 à glace.

(17) Un harnais complet par cheval attelé.

(18) Par cheval, une musette-mangeoire.

(c) Non compris 2 jours de pain, 2 jours de petits vivres, 1 jour de viande de conserve, 1 portion de potage condensé, et 1 jour 1/2 d'avoine emportés au départ au titre des vivres de débarquement, et le foin et l'avoine également emportés au départ pour la nourriture des chevaux pendant leur transport en chemin de fer.

NOTA. — Tous les effets qui ne figurent pas au nombre de ceux que le cavalier porte sur lui ou de ceux qui composent son paquetage seront laissés en magasin.

ARTILLERIE ET TRAIN DES ÉQUIPAGES MILITAIRES.

1°. Officiers d'artillerie et du train des équipages militaires, Employés militaires de l'artillerie.

DÉSIGNATION DES EFFETS OU OBJETS	OBSERVATIONS.
Officiers d'artillerie et du train des équipages militaires (9) et gardes d'artillerie montés. Képi. Vareuse. Culotte de drap avec bottes (1). Gants de couleur (2). Manteau et collet à capuchon (de drap ou de caoutchouc (3). Revolver et son étui (4). Sabre et dragonne de cuir. (Epée sans dragonne pour les gardes d'artillerie.) Jumelle d'un modèle facultatif (5). *Harnachement.* Selle et bride complètes. Tapis, couverture placée sous le tapis. Bissac de campagne. Etui porte-avoine. Musette-mangeoire.	(1) **Jambières et Pantalon** Le port de la culotte avec jambières de drap et celui du pantalon sont autorisés dans les mêmes circonstances qu'en temps de paix. Les officiers, les employés militaires de l'artillerie, ainsi que les adjudants des troupes à pied. peuvent aussi faire usage des jambières en cuir noir avec des brodequins, ces chaussures étant munies d'éperons à la chevalière pour les officiers et les gardes d'artillerie montés. (2) **Gants.** — En peau de chien de nuance rouge-brun. (3) **Manteau.**— Le manteau est roulé en deux parties et fixé sur la selle; le collet mobile sur les sacoches. (4) Les officiers et employés de l'artillerie emportent en campagne 18 cartouches de revolver. (5) L'usage de la jumelle est facultatif pour les gardes d'artillerie et autres employés de l'artillerie. (6) Le manteau ou la capote sont portés en sautoir par les employés qui ne sont pas montés. (7) Les employés de l'artillerie non montés sont autorisés à faire usage d'une sacoche pouvant se porter indifféremment. soit en bandoulière, soit sur le dos comme le havresac. (8) Il est délivré un brassard de la convention de Genève aux officiers du train des équipages militaires attachés à une formation sanitaire. Nota. — Les officiers et les employés militaires sont autorisés à porter un col blanc avec une cravate en soie noire. au lieu du col blanc fixé à la doublure du collet de l'effet. *Officiers des batteries alpines.* — En sus des effets et objets ci-dessus, les officiers des batteries alpines sont autorisés à porter sous la vareuse ouverte un gilet en drap avec boutons métalliques.
Employés militaires de l'artillerie (gardes d'artillerie non-montés). contrôleurs d'armes. ouvriers d'état, gardiens de batterie, chefs armuriers. Képi. Vareuse. Pantalon de drap (1). Bottes ou brodequins. Gants de couleur (2). Manteau ou capote et collet à capuchon (de drap ou de caoutchouc) (6). Revolver et son étui (4). Epée sans dragonne. Jumelle d'un modèle facultatif (5). Sacoche (7).	

2° Troupe (A).

ARTILLERIE and **TRAIN DES ÉQUIPAGES**, each split into *Hommes montés* (H, P) and *Hommes non montés* (H, P).
(H) = L'homme aura sur lui. — (P) = Paquetage de l'homme ou charge du cheval.

DÉSIGNATION DES EFFETS OU OBJETS	Art. montés H	Art. montés P	Art. non montés H	Art. non montés P	Train montés H	Train montés P	Train non montés H	Train non montés P
Plaque d'identité avec cordon	1	»	1	»	1	»	1	»
Bandes molletières (1)	»	»	1	»	»	»	»	»
Bâton ferré (1)	»	»	1	»	»	»	»	»
Habillement. Bourgeron de toile	»	1(4)	»	1(4)	»	1(4)	»	1(4)
Capote-manteau	»	»	»	1	»	»	»	1
Ceinture de flanelle	1	»	1	»	1	»	1	»
Ceinture de laine (1)	1	»	1	»	»	»	»	»
Dolman (2)	1	»	1	»	1	»	»	»
Jersey (1)	1	»	1	»	»	»	»	»
Manteau	»	1	»	»	»	1	»	»
Pantalon d'ordonnance	»	»	»	»	»	»	1	»
Pantalon de cheval	1	»	»	»	1	»	»	»
Veste	1(3)	»	1(3)	»	1(3)	»	1	»
Coiffure. Calotte de drap	»	1(4)	»	1(4)	»	1(4)	»	1
Képi (béret pour les alpins)	1	»	1	»	1	»	1	»
Grand équipement. Bretelle de carabine ou de mousqueton	»	»	1(5)	»	»	1(6)	1	»
Bretelles porte-effets	»	1(7)	»	»	»	1(7)	»	1(7)
Cartouchière	»	»	1(5)	»	»	»	»	»
Ceinturon	1	»	1	»	1(8)	»	1	»
Dragonne de sabre	»	1	1(9)	»	1(4)	»	»	»
Etui et lanière de revolver	1	»	1(10)	»	1(10)	»	1	»
Giberne avec banderole	»	»	»	»	1(6)	»	1	»
Havresac	»	»	1(11)	»	»	»	»	»
Porte-manteau	»	»	»	»	»	1	»	1
Petit équipement. Bottines avec éperons (paire)	1(12)	»	»	»	1(12)	»	»	»
Bretelles (paire)	1	»	»	»	1	»	»	»
Brodequins (paire)	»	1(13)	1	»	»	1(13)	1	»
Caleçon	1	1	1	1	1	1	1	1
Chemise	1	1	1	1	1	1	1	1
Courroie de capote ou manteau	»	1	»	1	»	1	»	1
Cravate	1	»	1	»	1	»	1	»
Effets de pansage (15) — Brosse en crin	»	1(3)	»	1(19)	»	1(3)	»	1
Ciseaux	»	1(2)	»	1(14)	»	1(2)	»	»
Corde à fourrages	»	»	»	1(19)	»	1	»	1
Eponge	»	1	»	1(19)	»	1	»	1
Etrille	»	1(3)	»	1(19)	»	1(3)	»	1
Musette de pansage	»	1(3)	»	1(19)	»	1(3)	»	1
Sac à avoine	»	1	»	1(19)	»	1	»	1
Torchon-serviette	»	1(3)	»	1(19)	»	1(3)	»	1
Effets de petite monture — Boîte à graisse et	»	»	»	1	»	1	»	1
Brosse à habits (16)	»	1	»	1	»	1	»	1
Brosse d'armes (16)	»	1	»	1	»	1	»	1
Brosse double à chaussure (16)	»	1	»	1	»	1	»	1
Cuiller	»	1(17)	»	1	»	1(17)	»	1
Trousse garnie	»	1(17)	1	»	»	1(17)	1	»
Etui-musette	»	1(17)	1	»	»	1(17)	1	»
Fouet	1(18)	»	1(19)	»	1(18)	»	1(19)	»
Gamelle individuelle	»	1	»	1	»	1	»	1
Guêtres de toile (la paire)	»	1(20)	»	1	»	1(20)	»	1
Livret individuel	»	1	»	1	»	1	»	1
Morceau de savon	»	1	»	1	»	1	»	1
Mouchoir	1	1	1	1	1	1	1	1
Pantalon de treillis	»	1	»	1	»	1	»	1
Petite besace	»	1	»	1	»	1	»	1
Quart	1	»	1	»	1(21)	»	1	»
Sifflet de signal	»	»	»	»	1(21)	»	»	»
Souliers (paire)	»	1(20)	»	1	»	1(20)	»	1
Sous-pieds de rechange (pour guêtres) (paire)	»	1(20)	»	1	»	1(20)	»	1
Sous-pieds de rechange (pour pantalon de cheval) (paire)	»	1	»	»	»	1	»	»
Campement (B). Etui et courroie de gamelle (22)	»	1	»	1	»	1	»	1
Etui et courroie de marmite (22)	»	1	»	1	»	1	»	1
Gamelle de campement (23)	»	1	»	1	»	1	»	1
Hachette (24)	»	»	»	1	»	»	»	1
Marmite de campement (23)	»	1	»	1	»	1	»	1

OBSERVATIONS

(H) L'homme aura sur lui.
(P) Paquetage de l'homme ou charge du cheval.

(A) Les adjudants ont la même tenue que les officiers de leur arme, moins la culotte et les bottes à l'écuyère; ces effets sont remplacés par le pantalon de cheval et les bottes avec éperons; l'usage de la jumelle est pour eux facultatif.

Les médecins auxiliaires attachés aux troupes de l'artillerie portent l'uniforme des sous-officiers de cette arme avec les attributs spéciaux déterminés par la décision ministérielle du 19 mai 1886.

Il est délivré un brassard :

1° Aux infirmiers régimentaires, aux sous-officiers et soldats du train attachés à une formation sanitaire, aux conducteurs de voitures médicales régimentaires et aux soldats-ordonnances des médecins (ce brassard, qui est celui de la convention de Genève, leur confère la neutralité) ;

2° Aux brancardiers régimentaires (ce dernier brassard ne confère pas la neutralité).

(1) Pour les batteries alpines seulement.
(2) Pour les sous-officiers et brigadiers fourriers seulement.
(3) A l'exception des sous-officiers et des brigadiers fourriers.
(4) Galonnés pour les gradés.
(5) A l'exception des maréchaux des logis chefs des régiments de pontonniers, des bataillons d'artillerie de forteresse, des compagnies d'ouvriers et d'artificiers, des batteries à pied d'Afrique et des sous-officiers non montés des batteries alpines, qui sont armés du revolver.
(6) A l'exception des sous-officiers, brigadiers fourriers, trompettes, maréchaux ferrants et soldats-ordonnances des officiers énumérés à la page 13, lesquels sont armés du revolver.
(7) Seulement aux hommes montés voyageant à pied et aux cavaliers du train non montés, voyageant à pied, à l'exception des conducteurs des mulets de bât. La bretelle porte-effets leur sert à faire le paquetage et à le porter sur le dos. Ce paquetage est porté sur les voitures quand l'ordre en est donné.
(8) A l'exception des soldats-ordonnances énumérés à la page 13.
(9) Pour les maréchaux des logis chefs des régiments d'artillerie, de pontonniers, des bataillons d'artillerie de forteresse, des batteries à pied d'Afrique et des compagnies d'ouvriers et d'artificiers qui portent le sabre de cavalerie légère.
(10) Pour les militaires de l'arme qui sont énumérés au renvoi 5 pour l'artillerie, au renvoi 6 pour le train.
(11) Le havresac est porté sur les voitures quand l'ordre en est donné. Les maréchaux des logis chefs et sous-officiers rengagés des batteries et compagnies d'artillerie dans lesquelles ces cadres ne sont pas montés, portent le havresac en campagne.
(12) A l'exception des hommes montés voyageant à pied, qui reçoivent une paire de brodequins éperonnés en échange de la paire de bottines avec éperons. Dans les batteries, sections de munitions et de parc, compagnies du train des équipages militaires, un approvisionnement de 20 paires de bottines éperonnées de rechange est transporté par les voitures.
(13) Pour les hommes montés voyageant à pied, les brodequins seront éperonnés et portés par l'homme pendant les routes.
(14) Seulement pour les sous-officiers non montés des batteries de montagne.
(15) Les hommes montés voyageant à pied et en général les conducteurs de l'artillerie et les cavaliers du train qui n'ont point d'animaux à conduire et à panser ne reçoivent point d'effets de pansage, ils emportent seulement une musette et un sac à avoine.
(16) Pour 2 hommes.
(17) Quand ces effets ne sont pas sur l'homme.
(18) Pour les conducteurs seulement.
(19) Distribué seulement aux conducteurs des batteries de montagne et aux cavaliers du train conducteurs de mulets de bât.
(20) Délivrés seulement aux hommes montés voyageant à pied.
(21) Pour les sous-officiers et brigadiers seulement.
(22) Par ustensile.
(23) Pour 4 hommes.

DÉSIGNATION DES EFFETS OU OBJETS	ARTILLERIE. HOMMES montés — H	P	ARTILLERIE. HOMMES non montés — H	P	TRAIN DES ÉQUIPAGES. HOMMES montés — H	P	TRAIN DES ÉQUIPAGES. HOMMES non montés — H	H
Campement (D). (Suite). Moulin à café (25)	»	1	»	1	»	1	»	1
Petit bidon de 1 litre avec courroie	1	»	1	»	1	»	1	»
Sac à distribution (26)	»	»	»	»	»	»	»	»
Sachets pour vivres de réserve	»	2	»	2	»	2	»	2
Seau en toile (27)	»	1	»	1	»	1	»	1
Armement (c). Carabine	»	»	»	»	»	1(6)	1	»
Mousqueton	»	»	1(5)	»	»	»	»	»
Revolver	1	»	1(10)	»	1(10)	»	»	»
Nécessaire d'arme (pour carabine, mousqueton ou revolver)	»	1(28)	»	1(29)	»	1(23)	»	1(23)
Sabre — baïonnette	»	»	1(5)	»	»	»	1	»
Sabre — de cavalerie légère	»	1	1(9)	»	»	1(6)	»	»
Munitions. Paquets de cartouches — de carabine	»	»	»	»	3(6)	3(6)	3	3
Paquets de cartouches — de mousqueton	»	»	1(5)	2(5)	»	»	»	»
Paquets de cartouches — de revolver	2	1	2(10)	1(10)	2(30)	3(30)	»	»
Vivres et fourrages de réserve (D), du sac ou du bissac. 2 jours de biscuit	»	1	»	1	»	1	»	1
2 jours de petits vivres	»	1	»	1	»	1	»	1
2 jours de viande de conserve (31)	»	1	»	1	»	1	»	1
1 jour d'avoine (32)	»	1	»	1(19)	»	1	»	1
Deux portions de potage condensé	»	1	»	1	»	1	»	1
Harnachement (33). Bissac	»	1(34)	»	»	»	1	»	1
Couverture	»	1	»	1(19)	»	1	»	1
Ferrure	»	1(35)	»	1(36)(19)	»	1(36)	»	1(36)
Harnachement de selle, de trait ou de bât	»	1	»	1(19)	»	1	»	1
Musette-mangeoire	»	1	»	1(19)	»	1	»	1
Surfaix	»	1	»	1(19)	»	1	»	1
Étui porte-avoine	»	1(37)	»	»	»	»	»	»

OBSERVATIONS.

(H) L'homme aura sur lui.
(P) Paquetage de l'homme ou charge du cheval.

(24) Une pour 8 hommes, excepté dans les batteries montées et à cheval, dont les hommes peuvent disposer des haches et hachettes portées par les voitures.

(25) Pour 15 hommes.

(26) 6 par batterie de campagne ou de montagne, par section de munitions ou de parc, par compagnie du train ; 1 par 8 hommes dans les bataillons d'artillerie de forteresse et dans les compagnies d'ouvriers et d'artificiers.

(27) 1 pour 2 hommes : pour les hommes montés et non montés du train, les hommes montés de l'artillerie et les conducteurs des batteries de montagne ; 1 pour 4 hommes pour les autres hommes non montés de l'artillerie.

(28) Seulement aux brigadiers, artificiers et maréchaux ferrants des batteries à cheval.

(29) 1 par 2 servants dans les batteries montées ; 1 par 4 hommes dans les autres unités.

(30) Pour les militaires énumérés au renvoi 6 et les soldats ordonnances des officiers énumérés à la page 13, qui reçoivent un seul paquet.

(31) Une boîte pour 2 hommes.

(32) 1 jour par animal ; portée par les voitures des batteries, sections de munitions et de parc, compagnies du train. En plus, éventuellement, l'avoine de route dans le bissac ou l'étui porte-avoine.

(33) 1 par animal.

(34) Aux sous-verges seulement.

(35) Demi-ferrure et 16 clous par cheval.

(36) Une ferrure et 32 clous par animal.

(37) Aux chevaux de selle seulement.

(b) Dans certains cas, les troupes sont pourvues de couvertures de campement et de sacs tentes-abris avec accessoires.

(c) Les soldats-ordonnances des officiers énumérés à la page 13 ne reçoivent pas de sabre ; ils font exclusivement usage du revolver, à l'exception des ordonnances des médecins autres que ceux des corps de troupe.

(D) Non compris 2 jours de pain, 2 jours de petits vivres et 1 jour d'avoine emportés au départ au titre des vivres de débarquement et le foin et l'avoine également emportés au départ pour la nourriture des chevaux pendant leur transport en chemin de fer.
Par exception, les batteries d'artillerie à cheval, affectées à la cavalerie indépendante, reçoivent comme vivres à fourrages du sac ou du bissac :
1/2 jour d'avoine, 1 jour de biscuit, 1 jour de petits vivres, 1 jour de viande de conserve (1 boîte pour 8 hommes), 1 portion de potage condensé. Non compris 2 jours de pain, 2 jours de petits vivres, 1 jour de viande conservé, 1 portion de potage condensé et 1 jour 1/2 d'avoine emportés au départ au titre des vivres de débarquement, et le foin et l'avoine également emportés au départ pour la nourriture des chevaux pendant leur transport en chemin de fer.

NOTA. — Tous les effets qui ne figurent pas au nombre de ceux que la troupe doit emporter en campagne, sont laissés en magasin.

GÉNIE (*Armée active et armée territoriale*).
1° Officiers (état-major particulier et troupes), adjoints du génie, adjudants et employés militaires du génie.

DÉSIGNATION DES EFFETS OU OBJETS.	OBSERVATIONS.
Officiers, adjoints du génie, adjudants — *Montés* — Képi. Vareuse. Culotte de drap avec bottes (1), (pantalon de cheval et bottes avec éperons pour les adjudants de sapeurs-conducteurs). Capote (2) ou manteau (3) avec collet à capuchon de drap ou de caoutchouc. Revolver et son étui (4). Épée (sabre pour les officiers et les adjudants de sapeurs-conducteurs. Dragonne de cuir. Épée sans dragonne pour les adjoints du génie. Gants de couleur (5). Jumelle d'un modèle facultatif (6). — *Harnachement* — Selle et bride complètes. Tapis (excepté pour les adjudants de sapeurs-conducteurs). Couverture placée sous le tapis. Bissac de campagne. Etui porte-avoine. Musette-Mangeoire. — *Non montés* — Képi. Vareuse. Pantalon de drap (1). Bottes ou brodequins. Capote avec collet à capuchon de drap ou de caoutchouc (7). Revolver et son étui (4). Epée avec dragonne de cuir. Epée sans dragonne pour les adjoints du génie et les adjudants. Gants de couleur (5). Jumelle d'un modèle facultatif (6). Sacoche (8).	(1) **Jambières.** — Les officiers (état-major particulier et troupes), les adjoints et les adjudants des troupes à pied du génie sont autorisés à porter sur la culotte ou sur le pantalon des jambières en cuir noir avec des brodequins ; ces chaussures seront munies d'éperons à la chevalière pour les officiers et les adjoints montés. Les officiers et les adjoints du génie montés sont autorisés à faire usage avec la culotte, en dehors du service et dans tout service à pied, où le pantalon d'ordonnance peut être porté, de jambières en drap simulant le bas du pantalon. Le port facultatif des jambières en drap est étendu aux adjoints et aux adjudants des troupes à pied du génie lorsqu'ils font usage de la culotte avec les jambières en cuir. (2) La capote est roulée contre le trousséquin de la selle sur le prolongement des bandes. (3) Le manteau est roulé en deux parties et fixé sur la selle ; le collet mobile sur les sacoches. (4) Les officiers, les adjoints du génie et les adjudants emportent en campagne 18 cartouches de revolver. (5) En peau de chien de nuance rouge brun. (6) L'usage de la jumelle est facultatif pour les adjoints du génie et les adjudants. (7) La capote est portée en sautoir par les officiers, les adjoints et les adjudants non montés. (8) Les officiers, les adjoints et les adjudants du génie non montés ainsi que les employés militaires du génie sont autorisés à faire usage d'une sacoche pouvant se porter indifféremment, soit en bandoulière, soit sur le dos comme le havresac. (9) Dans le service, la capote est portée quand l'ordre en est donné. En dehors du service, le port de ce vêtement est facultatif. *Officiers des détachements alpins.* — En sus des effets ou objets ci-dessus, les officiers des détachements alpins sont autorisés à porter sous la vareuse ouverte un gilet en drap avec boutons métalliques. NOTA. — Les officiers et les employés militaires sont autorisés à porter un col blanc avec une cravate en soie noire, au lieu du col blanc fixé à la doublure du collet de l'effet.
Ouvriers d'état, portiers-consignés. Képi. Vareuse. Pantalon de drap. Capote (9). Bottes ou brodequins. Epée sans dragonne. Sacoche (8).	

2° Troupe.

DÉSIGNATION des EFFETS OU OBJETS.	Sapeurs-mineurs et sapeurs de chemins de fer.		Sapeurs-conducteurs.	
	H	P	H	P
Plaque d'identité avec cordon.	1	»	1	»
Bandes molletières (pour les alpins)	1	»	1	»
Bâton ferré (pour les alpins)	1	»	1	»
Habillement (A).				
Bourgeron de toile	»	»	»	1[5]
Capote	1	»	1[1]	»
Ceinture de flanelle	1	»	1	»
Ceinture de laine (pour les alpins)	1	»	1	»
Jersey (pour les alpins)	1	»	1	»
Manteau	»	»	»	1[2]
Pantalon de drap	1	»	1[1]	»
Pantalon de cheval	»	»	1[2]	»
Tunique	»	1[3]	1[3]	»
Veste	»	1[4]	1[4]	»
Coiffure.				
Calotte de drap	»	»	»	1[5]
Béret (pour les alpins)	1	»	1	»
Képi	1	»	1	»
Grand équipement.				
Bretelle de fusil	1[6]	»	»	»
Bretelle porte-effets (hommes haut-le-pied et bourreliers non montés)	»	»	1	»
Cartouchière	2[6]	»	»	»
Ceinturon et accessoires	1[7]	»	1	»
Dragonne de sabre	*	»	»	1
Etui de revolver	1[8]	»	1	»
Havresac (9)	1	»	»	»
Lanière de revolver	»	»	1	»
Porte-épée-baïonnette	1[10]	»	*	»
Petit équipement.				
Bottines avec éperons (paire)	»	»	1[2]	»
Bretelles (paire)	1	»	1	»
Brodequins (paire)	1	»	1[1]	1[2]
Caleçon	1	»	1	1
Calotte de coton	»	1	»	»
Chemise	1	1	1	1
Courroie de capote ou de manteau	»	1	»	1
Cravate	1	»	1	»
Effets de pansage (12).				
Brosse en crin	»	»	»	1[4]
Ciseaux	»	»	»	1[11]
Corde à fourrages	»	»	»	1
Eponge	»	»	»	1
Etrille	»	»	»	1[4]
Musette de pansage	»	»	»	1[4]
Sac à avoine	»	»	»	1
Torchon-serviette	»	»	»	1[4]

OBSERVATIONS.

(H) sur l'homme.
(P) paquetage de l homme ou charge du cheval.

(1) Pour les sapeurs-conducteurs conduisant les animaux de bât et les animaux haut-le-pied ainsi que pour les bourreliers non montés.

(2) A l'exception des sapeurs-conducteurs indiqués au renvoi 1.

(3) Pour les sous-officiers, les brigadiers fourriers et les caporaux fourriers seulement.

(4) Les sous-officiers, les caporaux fourriers et les brigadiers fourriers exceptés.

(5) Galonnés pour les gradés.

(6) Pour les militaires armés du fusil ou du mousqueton.

(7) Les sergents-majors emportent leur ceinturon d'épée.

(8) Pour les militaires énumérés au renvoi 25.

(9) Les sergents-majors et les sergents rengagés portent le havresac en campagne.

(10) Pour les militaires armés du fusil. Le porte-fourreau de sabre est substitué au porte-épée-baïonnette pour les militaires faisant usage du sabre série Z ou de sabre-baïonnette.

(11) Pour les sous-officiers et chaque brigadier chef de détachement.

(12) Les hommes haut-le-pied n'ont pas d'effets de pansage; il portent seulement une musette et un sac a avoine.

(A) Il est délivré un brassard :
1° Aux infirmiers régimentaires, aux conducteurs de voitures médicales et aux soldats-ordonnances des médecins (ce brassard, qui est celui de la convention de Genève, leur confère la neutralité);
2° Aux brancardiers régimentaires (ce dernier brassard ne confère pas la neutralité).

DÉSIGNATION des EFFETS OU OBJETS.	Sapeurs-mineurs et sapeurs de chemins de fer.		Sapeurs-conducteurs.		OBSERVATIONS.
	H	P	H	P	(II) sur l'homme. (P) paquetage de l'homme ou charge du cheval.
Petit équipement. (Suite). Effets de petite monture. — Brosses : Boîte à graisse	»	1(14)	»	1(15)	(14) 4 jeux de brosses et 4 boîtes à graisse par escouade.
Brosses d'armes	»	1(14)	»	1(15)	
Brosses à habits	»	1(14)	»	1(15)	
Brosses double à chaussures	»	1(14)	»	1(15)	(15) Pour 2 hommes.
Cuiller	»	1	»	1	(16) Pour les conducteurs seulement.
Trousse garnie	»	1	»	1	
Etui-musette	1	»	»	1	(17) Jusqu'à la mise en service du nécessaire individuel de campement.
Fouet	•	»	1(16)	»	
Gamelle individuelle	»	1(17)	»	1	(18) Par ustensile.
Guêtres de toile (paire)	»	1	»	1(1)	(19) Pour 4 hommes.
Livret individuel	»	1	»	1	
Morceau de savon	»	1	»	1	(20) Par escouade ou par groupe de 16 hommes.
Mouchoir	1	1	1	1	
Pantalon de treillis	»	1	»	1	(21) 2 par escouade.
Petite besace	»	»	»	1	(22) Pour 8 hommes (sapeurs-mineurs) ; pour 2 hommes (sapeurs-conducteurs).
Quart	1	»	1	»	
Souliers (paire)	»	1	»	1(1)	
Sous-pieds de rechange (paire) pour guêtres de toile	»	1	»	1(1)	(23) Pour les sergents-majors seulement. Les musiciens devenant brancardiers prennent l'armement et l'équipement réglementaires.
Sous-pieds de rechange (paire) pour pantalon de cheval	»	»	»	2(2)	
Campement (B). Etui et courroie de gamelle	»	»	»	1(18)	(24) 1 pour 4 hommes.
Etui et courroie de marmite	»	»	»	1(18)	
Gamelle de campement (19)	»	1(17)	»	1	(25) Les sergents-majors et les tambours sont armés du revolver.
Marmite de campement (19)	»	1(17)	»	1	
Moulin à café (20)	»	1	»	1	(26) Les tambours et les infirmiers régimentaires ont le sabre série Z.
Petit bidon de 1 litre avec courroie et enveloppe	1	»	1	»	(27) Comme pour l'infanterie (voir le renvoi 27 de la page 29).
Sac à distribution	»	1(21)	»	»	
Sachets pour vivres de réserve	»	2	»	2	(28) A l'exception des sergents-majors, tambours, infirmiers régimentaires et des sapeurs-aérostiers.
Seau en toile (22)	»	1	»	1	
Armement. Epée de sous-officier, modèle 1884	1(23)	»	»	»	(29) Pour les sapeurs-aérostiers.
Fusil avec épée-baïonnette	1(28)	»	»	»	
Mousqueton	1(29)	»	»	»	(B) Dans certains cas, les troupes sont pourvues de couvertures de campement et de sacs tentes-abris avec accessoires.
Nécessaire d'armes	»	1(24)	»	1(24)	
Revolver	1(25)	»	1	»	
Sabre série Z	1(26)	•	1(1)	»	
Sabre	»	»	»	1	
Sabre-baïonnette	1(29)	»	»	»	
Munitions. Paquets de cartouches de fusil	6(27)	7(27)	»	»	
Paquets de cartouches de revolver	2(8)	1(8)	2	1	

DÉSIGNATION des EFFETS OU OBJETS.	Sapeurs-mineurs et sapeurs de chemins de fer.		Sapeurs-conducteurs.		OBSERVATIONS.
	H	P	H	P	(H) sur l'homme. (P) paquetage de l'homme ou charge du cheval
Outils portatifs.	»	(C)	»	»	(27) Une boîte pour 2 hommes.
Vivres et fourrages. (D). 2 jours de biscuit	»	1	»	1	(28) Par animal.
2 jours de petits vivres	»	1	»	1	(29) 4 fers, 32 clous par animal.
2 jours de viande de conserve (27)	»	1	»	1	
2 portions de potage condensé	»	1	»	1	(C) Les compagnies de sapeurs-mineurs divisionnaires, de réserve ou de place et les compagnies de sapeurs de chemins de fer emportent un assortiment d'outils. — Les compagnies d'aérostiers n'ont pas d'outils portatifs.
1 jour d'avoine (28)	»	»	»	1	
Harnachement (28). Bissac	»	»	»	1	
Couverture	»	»	»	1	
Ferrure (29)	»	»	»	1	(D) Non compris 2 jours de pain, 2 jours de petits vivres et 1 jour d'avoine emportés au titre des vivres de débarquement, et le foin et l'avoine également emportés au départ pour la nourriture des chevaux pendant leur transport en chemins de fer.
Harnachement de selle, de trait ou de bât	»	»	»	1	
Musette-mangeoire	»	»	»	1	
Surfaix	»	»	»	1	

Soldats-ordonnances des officiers brevetés ou non appartenant à des régiments qui sont employés dans les états-majors.

Les ordonnances appartenant à des troupes à pied reçoivent, en remplacement du pantalon d'ordonnance et de la capote, un pantalon de cheval et un manteau (sans écussons à numéros) à l'uniforme du train des équipages militaires.

Il reçoivent, en outre, une paire de bottines éperonnées, un revolver avec étui et lanière, une collection d'effets de pansage et un sac à avoine.

NOTA. — Tous les effets qui ne figurent pas au nombre de ceux que la troupe doit emporter en campagne sont laissés en magasin.

GENDARMERIE.

(ARMÉE ACTIVE ET ARMÉE TERRITORIALE.)

1° Officiers et Adjudants.

DÉSIGNATION DES EFFETS.	OBSERVATIONS.
Gendarmerie départementale, d'Afrique et de la Corse et garde républicaine. **Officiers et adjudants montés.** Képi (1). Tunique (2). Hongroise bleue (3). Grandes bottes. Gants de couleur (4). Capote avec collet à capuchon de drap ou de caoutchouc (5). Revolver et son étui (6). Sabre avec dragonne en cuir. Jumelle d'un modèle facultatif (7) Porte-cartes (7). **Harnachement.** Selle et bride complètes. Tapis de petite tenue. Couverture placée sous le tapis. Bissac de campagne. Etui porte-avoine. Musette-mangeoire. **Officiers et adjudants non montés de la garde républicaine.** Képi. Tunique (2). Pantalon de drap. Brodequins ou petites bottes. Gants de couleur (4). Capote avec collet à capuchon de drap ou de caoutchouc (8). Revolver et son étui (6). Epée avec dragonne. Jumelle d'un modèle facultatif (7) Porte-cartes (7). Sacoche (9).	(1) Dans le cas où la cavalerie de la garde républicaine serait appelée à marcher comme troupe de combat, ses officiers porteraient le casque. (2) Les officiers emportent dans leur caisse à bagages une paire d'épaulettes et des aiguillettes qu'ils mettront dans les circonstances exceptionnelles de service indiquées par le commandement. (3) L'usage du pantalon et celui des jambières de drap sont autorisés dans les mêmes circonstances qu'en temps de paix. (4) En peau de chien de nuance rouge brun. (5) La capote est roulée et placée en arrière du troussequin. (6) Les officiers e' les adjudants emportent 18 cartouches de revolver. (7) L'usage de la jumelle et du porte-cartes est facultatif. (8) La capote est portée en sautoir par les officiers et les adjudants non montés. (9) Les officiers et les adjudants non montés sont autorisés à faire usage d'une sacoche pouvant se porter indifféremment en bandoulière ou sur le dos comme le havresac. NOTA. Les officiers sont autorisés à porter un col blanc avec une cravate en soie noire, au lieu du col blanc fixé à la doublure du collet de l'effet.

2° Troupe.

DÉSIGNATION des EFFETS OU OBJETS.	GENDARMERIE DÉPARTEMENTALE de l'intérieur et Garde républicaine.				GENDARMERIE d'Afrique et de la Corse.				OBSERVATIONS. (H) Sur l'homme. (P) Dans le paquetage.
	Arme à pied.		Arme à cheval.		Arme à pied.		Arme à cheval.		
	H	P	H	P	H	P	H	P	
Habillement.									
Plaque d'identité avec cordon	1	»	1	»	1	»	1	»	
Bourgeron de toile	»	1	»	1	»	1	»	1	
Capote-manteau	»	1	»	»	»	1	»	»	
Ceinture de flanelle	1	»	1	»	1	»	1	»	
Hongroise bleue	»	»	1	1	»	»	»	»	
Manteau	»	»	»	1	»	»	»	1	
Pantalon de cheval	»	»	»	»	»	»	1	»	
Pantalon de drap	1	»	»	»	1	»	»	»	
Pantalon de treillis	»	1	»	1	»	1	»	1	
Trèfle et aiguillettes	1	»	1	»	1	»	1	»	
Tunique	1	»	1	»	1	»	1	»	
Coiffure.									
Calotte de drap	»	1	»	1	»	1	»	1	
Képi (1)	1	»	1	»	1	»	1	»	
Grand équipement.									
Bretelle de carabine ou de fusil	1	»	»	»	1	»	»	»	
Ceinturon	1	»	1	»	1	»	1	»	
Dragonne	»	»	1	»	»	»	1	»	
Etui et lanière de revolver	1	»	1	»	1	»	1	»	
Giberne-cartouch. (2)	1	»	»	»	1	»	»	»	
Havresac	1	»	»	»	1	»	»	»	
Portefeuille de correspondance	1	»	1	»	1	»	1	»	
Petit équipement.									
Grandes bottes (paire)	»	»	1	»	»	»	»	»	
Petites bottes (paire) avec éperons pour l'arme à cheval	»	1	»	»	»	»	1	»	
Brodequins (paire)	1	»	»	1	1	1	»	1	
Bretelles (paire)	1	»	1	»	1	»	1	»	
Caleçon	1	1	1	1	1	1	1	1	
Chemise	1	1	1	1	1	1	1	1	
Courroie de capote ou de manteau	»	1	»	1	»	1	»	1	
Cravate	»	1	»	1	»	1	»	1	
Effets de pansage. Brosse en crin	»	»	»	1	»	»	»	1	
Ciseaux	»	»	»	1	»	»	»	1	
Corde à fourrage	»	»	»	1	»	»	»	1	
Eponge	»	»	»	1	»	»	»	1	
Etrille	»	»	»	1	»	»	»	1	
Musette de pansage	»	»	»	1	»	»	»	1	

(1) Dans le cas où la cavalerie de la garde serait appelée à marcher comme troupe de combat, elle porterait le casque.

(2) Placée à droite sur le devant et supportée par la courroie de ceinture du revolver.

DÉSIGNATION des EFFETS OU OBJETS.	GENDARMERIE DÉPARTEMEMTALE de l'intérieur et Garde républicaine.				GENDARMERIE d'Afrique et de la Corse.				OBSERVATIONS. — (H) Sur l'homme. (P) Dans le paquetage.
	Arme à pied.		Arme à cheval.		Arme à pied.		Arme à cheval.		
	H	P	H	P	H	P	H	P	
Petit équipement (Suite). — Effets de petite monture. — Brosses : Boîte à graisse...	»	1	»	1	»	1	»	1	
Brosses d'armes.......	»	1	»	1	»	1	»	1	
Brosses à boutons.....	»	1	»	1	»	1	»	1	
Brosses à habits.......	»	1	»	1	»	1	»	1	
Brosses double à chaussures........	»	1	»	1	»	1	»	1	
Cuiller............	»	1	»	1	»	1	»	1	
Fiole à tripoli....	»	1	»	1	»	1	»	1	
Trousse garnie...	»	1	»	1	»	1	»	1	
Gamelle individuelle	»	1	»	1	»	1	»	1	
Livret individuel.....	»	1	»	1	»	1	»	1	
Morceau de savon...	»	1	»	1	»	1	»	1	
Mouchoirs...........	1	1	1	1	1	1	1	1	
Objets de sûreté....	»	1	»	1	»	1	»	1	
Patience...........	»	1	»	1	»	1	»	1	
Sac à avoine........	»	»	»	1	»	»	»	1	
Sachet à cartouches.	»	2	»	1	»	2	»	1	
Serviette...........	»	1	»	1	»	1	»	1	
Sous-pieds pour pantalon de cheval....	»	»	»	»	»	»	1	1	
Campement. Etui de marmite (3).	»	»	»	»	»	»	»	»	
Hachette (4)........	»	1	»	1	»	1	»	1	
Marmite de campement (5)...........	»	»	»	»	»	»	»	»	
Petit bidon individuel, avec quart adhérent, courroie et enveloppe.......	1	»	1	»	1	»	1	»	
Sac à distribution (6)	»	1	»	»	»	1	»	»	
Sachets à vivres.....	»	2	»	2	»	2	»	2	
Seau en toile (7).....	»	1	»	1	»	1	»	1	
Armement (8). Carabine avec sabre-baïonnette ou fusil avec épée-baïonnette.............	1	»	»	»	1	»	»	»	
Nécessaire d'armes..	»	1	»	1	»	1	»	1	
Revolver...........	1	»	1	»	1	»	1	»	
Sabre.............	»	»	1	»	»	»	1	»	
Munitions. Cartouches de carabine ou de fusil.	12	24	»	»	12	24	»	»	
Cartouches de revolver..	12	18	12	18	12	18	12	18	

(3) Par ustensile.
(4) Deux pour 15 hommes, portées par les brigadiers.
(5) Une pour 4 hommes, placée dans les voitures de la prévôté.
(6) Un pour 4 hommes à pied.
(7) Un pour 2 hommes montés et un pour 4 hommes à pied.
(8) Dans le cas où la cavalerie de la garde républicaine serait appelée à marcher comme troupe de combat, elle prendrait l'armement indiqué par le commandement.

DÉSIGNATION des EFFETS OU OBJETS.	GENDARMERIE DÉPARTEMENTALE de l'intérieur et Garde républicaine.				GENDARMERIE d'Afrique et de la Corse.				OBSERVATIONS. (11) Sur l'homme. (P) Dans le paquetage.
	Arme à pied.		Arme à cheval.		Arme à pied.		Arme à cheval.		
	H	P	H	P	H	P	H	P	
Vivres et fourrages (A).									
2 jours de biscuit...	»	1	»	1	»	1	»	1	
2 jours de petits vivres......	»	1	»	1	»	1	»	1	
2 jours de viande de conserve (9).......	»	1	»	1	»	1	»	1	
2 portions de potage condensé..........	»	1	»	1	»	1	»	1	
1 jour d'avoine (10)..	»	»	»	1	»	»	»	1	
Harnachement (10).									
Bissac de campagne.	»	»	»	1	»	»	»	1	
Couverture..........	»	»	»	1	»	»	»	1	
Etui porte-avoine....	»	»	»	1	»	»	»	1	
Ferrure : 2 fers et 24 clous, dont 8 à glace (11)..........	»	»	»	1	»	»	»	1	
Musette-mangeoire..	»	»	»	1	»	»	»	1	
Selle et bride complètes.............	»	»	»	1	»	»	»	1	
Surfaix de couverture..............	»	»	»	1	»	»	»	1	

(9) Une boîte pour 2 hommes.
(10) Par cheval.
(11) Les deux autres fers avec leurs clous sont dans des caisses sur les voitures.

(A) Non compris 2 jours de pain, 2 jours de petits vivres et 1 jour d'avoine emportés au départ au titre des vivres de débarquement, et le foin et l'avoine également emportés au départ pour la nourriture des chevaux pendant leur transport en chemin de fer.

SECTIONS DE CHEMINS DE FER DE CAMPAGNE

SERVICE DE LA TRÉSORERIE ET DES POSTES AUX ARMÉES

Service de la télégraphie militaire (A).

DÉSIGNATION DES EFFETS OU OBJETS.

Agents supérieurs (directeurs, chefs de service, sous-chefs de service de 1re et. de 2e cl., employés principaux de 1re et de cl.) des sections de chemins de fer de campagne.

- Képi.
- Vareuse.
- Pantalon de drap.
- Gilet.
- Bottes ou brodequins.
- Capote et collet à capuchon (de drap ou de caoutchouc).
- Revolver et son étui.
- Epée sans dragonne.
- Gants.

Agents supérieurs et agents du service de la trésorerie et des postes aux armées.

- Képi.
- Vareuse.
- Pantalon de drap avec sous-pieds pour les agents montés).   *ou :* Culotte de drap avec bottes pour les agents montés.
- Bottes (avec éperons pour les agents montés).
- Capote ou manteau et collet à capuchon (de drap ou de caoutchouc).
- Revolver et son étui.
- Epée sans dragonne.
- Gants.

Harnachement.
- Selle et bride complètes.
- Tapis.
- Porte-manteau.
- Couvertnre placée sous le tapis.
- Etui porte-avoine.
- Bissac de campagne.
- Musette-mangeoire.

Fonctionnaires du service de la télégraphie militaire.

- Képi.
- Vareuse.
- Pantalon de drap (avec sous-pieds).   *ou :* Culotte de drap et bottes.
- Bottes avec éperons.
- Manteau et collet à capuchon (de drap ou de caoutchouc).
- Revolver et son étui.
- Sabre avec dragonne en cuir.
- Gants.
- Marmite de campement.

Harnachement.
- Selle et bride complètes.
- Tapis.
- Couverture placée sous le tapis.
- Etui porte-avoine.
- Bissac de campagne.
- Musette-mangeoire.

(A) La tenue dont la composition est déterminée par le présent tableau est prise en temps de guerre et en temps de paix, dans toutes les réunions prescrites par l'autorité militaire.

Dans ce dernier cas, on ne fait pas usage du revolver et la tenue du jour se distingue de celle du matin par le port du sabre ou de l'épée.

NOTA. — Les observations communes du tableau suivant (page 1117, colonne spéciale), sont applicables aux agents et fonctionnaires indiqués ci-dessus.

CORPS DES CHASSEURS FORESTIERS. — CORPS MILITAIRE DES DOUANES

DÉSIGNATION DES EFFETS OU OBJETS.	OBSERVATIONS COMMUNES A TOUS LES PERSONNELS.
Chasseurs forestiers. — **Officiers montés.** Képi. Tunique-jaquette avec brides d'épaules en poil de chèvre. Cravate en soie noire. Culotte de drap avec bottes. Capote et collet à capuchon (de drap ou de caoutchouc). Revolver et son étui. Sabre avec dragonne à gland en cuir. Gants. — *Harnachement :* Selle et bride complètes. Tapis. Couverture placée sous le tapis. Etui porte-avoine. Bissac de campagne. Musette-mangeoire. **Officiers non montés.** Képi. Tunique-jaquette avec brides d'épaules en poil de chèvre. Cravate en soie noire. Pantalon de drap. Brodequins ou bottes. Capote et collet à capuchon (de drap ou de caoutchouc). Revolver et son étui. Sabre avec dragonne à gland d'argent. Gants. **Douaniers.** — **Officiers montés.** Képi. Dolman avec pattes d'épaules en poil de chèvre. Culotte de drap avec bottes. Capote et collet à capuchon (de drap ou de caoutchouc). Revolver et son étui. Sabre avec dragonne en cuir. Gants. — *Harnachement :* Selle et bride complètes. Tapis. Couverture placée sous le tapis. Etui porte-avoine. Bissac de campagne. Musette-mangeoire. **Officiers non montés.** Képi. Dolman avec pattes d'épaules en poil de chèvre. Pantalon de drap. Brodequins ou bottes. Capote et collet à capuchon (de drap ou de caoutchouc). Revolver et son étui. Sabre avec dragonne en cuir. Gants.	**BRASSARD.** — Les médecins attachés aux corps ou services ainsi que le personnel sous leurs ordres prennent le brassard de la convention de Genève. **BRODEQUINS.** — Les officiers, fonctionnaires et agents non montés peuvent faire usage de brodequins. **CAPOTE OU MANTEAU ET COLLET A CAPUCHON.** — La capote est portée en sautoir par les officiers, fonctionnaires et agents non montés ; à cheval, le manteau est roulé contre le troussequin de la selle. **GANTS.** — En tenue de campagne il est fait usage de gants en peau de chien de nuance rouge brun. **JAMBIÈRES.** — Les officiers des chasseurs forestiers et des douanes, les fonctionnaires du service de la télégraphie militaire, les agents supérieurs et agents du service de la trésorerie et des postes et les agents supérieurs des sections de chemins de fer sont autorisés, en campagne, à faire usage de la culotte, en dehors du service et dans tout service à pied où le pantalon d'ordonnance peut être porté, de jambières de drap simulant le bas du pantalon. Dans le service, soit à pied, soit à cheval, ces mêmes officiers, fonctionnaires et agents peuvent porter des jambières en cuir noir avec des brodequins ; ceux qui sont montés mettent des éperons à la chevalière sur cette chaussure. **JUMELLE.** — L'usage de la jumelle est facultatif en campagne pour les officiers de chasseurs forestiers et des douanes, les fonctionnaires du service de la télégraphie militaire et les agents des sections de chemins de fer et du service de la trésorerie et des postes. **MUNITIONS.** — Les officiers de chasseurs forestiers et des douanes, les fonctionnaires du service de la télégraphie militaire et les agents des sections d chemins de fer et du service de la trésorerie et des postes, emportent en campagne 18 cartouches de revolver. **SACOCHE.** — Les officiers, fonctionnaires et agents non montés sont autorisés à faire usage, en campagne, d'une sacoche pouvant se porter indifféremment, soit en bandoulière, soit sur le dos comme le havresac. **VAREUSE-VESTON.** — Le port de la vareuse ou du veston est autorisé en campagne pour les officiers, fonctionnaires et agents qui en font usage en temps de paix et dans les circonstances où l'emploi de cet effet est toléré. Les officiers, fonctionnaires et agents sont autorisés à porter un col blanc avec une cravate en soie noire, au lieu du col blanc fixé à la doublure du collet de l'effet.

NOTA. — Le port de la pelisse est facultatif pour les officiers montés.

DÉSIGNATION DES EFFETS OU OBJETS.	Sous-officiers de la justice militaire faisant partie des conseils de guerre (adjudants exceptés). H	P	Sections de chemins de fer de campagne. — Employés, chefs, sous-chefs ouvriers et ouvriers. H	P	Service de la trésorerie et des postes aux armées. — Sous-agents. H	P	Service de la télégraphie. Télégraphistes. H	P	Service près militaire. Chefs d'équipe, maîtres-ouvriers et ouvriers. H	P	Corps militaire des chasseurs forestiers. — Sous-officiers, caporaux et soldats. H	P	Corps militaire des douanes. — Sous-officiers, caporaux et soldats. H	P
Plaque d'identité avec cordon	1	»	1	»	1	»	1	»	1	»	1	»	1	»
Habillement (A). Bourgeron de toile pour le travail (ouvriers et premiers ouvriers)	»	»	»	1	»	1	»	»	»	»	»	»	»	»
Caban à capuchon	»	»	»	»	»	1	»	»	»	»	»	»	»	»
Capote	»	»	1	»	»	»	1	»	»	»	»	»	»	»
Ceinture de flanelle	1	»	1	»	1	»	1	»	1	»	1	»	1	»
Ceinture de gymnastique	»	»	»	»	»	»	»	»	»	1	»	»	»	»
Collet à capuchon	»	»	»	»	»	»	»	»	»	»	»	»	»	»
Dolman	»	»	»	»	»	»	»	»	»	»	»	1	»	»
Gilet	»	»	»	»	1	»	»	»	»	»	»	»	»	»
Jaquette	»	»	»	»	»	»	»	»	»	»	»	»	»	»
Manteau à capuchon	1	»	»	»	»	»	»	»	»	»	»	»	»	»
Pantalon de drap	1	»	1	»	1	»	1	»	1	»	1	»	1	»
Pantalon de toile (employés exceptés)	»	»	»	1	»	»	»	1	»	»	»	»	»	»
Tenue de travail (blouse et pantalon en toile ou en lainage)	»	»	»	1	»	»	»	»	»	»	»	»	»	»
Tunique	1	1	»	1(3)	»	»	»	»	»	1	»	»	»	»
Vareuse-veston	»	»	»	»	1	1	»	»	»	»	»	»	»	»
Veste	»	»	»	1	»	»	»	»	»	1	»	»	»	»
Veston	»	»	»	»	»	»	»	»	»	»	»	»	»	1
Coiffure. Casquette	»	»	»	»	1	»	»	»	»	»	»	»	»	»
Képi	1	»	1	»	»	»	1	»	1	»	1	»	1	»
Grand équipement (B). Bretelle de carabine	»	»	»	»	»	»	»	»	»	»	»	»	1(2)	»
Bretelle de mousqueton	»	»	»	»	»	»	»	»	»	»	»	»	»	»
Cartouchière	»	»	»	»	»	»	»	»	»	»	1(2)	»	»	»
Ceinturon complet	1	»	1	»	»	»	1(3)	»	1	»	2(2)	»	1(3)	»
Dragonne de sabre	»	»	»	»	»	»	1	»	1	»	1(3)	»	1(3)	»
Etui de revolver	1	»	»	»	1	»	1	»	1	»	1(4)	»	1(4)	»
Havresac	1(5)	»	»	»	1	»	1	»	1	»	1	»	1	»
Sac-besace	»	»	»	»	»	»	1	»	»	»	»	»	»	1
Petit équipement (C). Bottes ou brodequins (paire)	»	»	1	1	1	1	1	1	1	1	1	»	1	»
Bretelles (paire)	»	»	1	1	1	1	1	1	1	1	1	»	1	»
Chemise	»	»	1	1	1	1	1	1	1	1	1	1	1	»
Courroie de capote	»	»	1	1	»	1	1	1	1	1	»	»	»	1
Cravate de coton	»	»	1	1	»	1	1	1	1	1	1	»	1	»
Calotte de coton	»	»	»	1	»	1	»	1	»	1	1	»	»	1

H. — Sur l'homme.
P. — Dans le paquetage.

OBSERVATIONS.

(1) Pour les employés, les chefs et sous-chefs ouvriers.

(2) Excepté les sergents-majors des chasseurs forestiers ainsi que les sergents-majors et les tambours des douanes.

(3) Les sergents-majors portent le ceinturon en cuir verni; il en est de même des télégraphistes.

(5) Pour les sergents-majors.

(5) Les sergents-majors et les sous-officiers rengagés portent le havresac en campagne.

(A) **Habillement.** — Les agents du service télégraphique du territoire, mis sur le pied de guerre, portent un brassard qui reçoit en son milieu l'attribut du service.

(B) **Grand équipement, armement et munitions.** — Selon les circonstances, les employés, les chefs et sous-chefs ouvriers et les ouvriers des sections de chemins de fer de campagne peuvent être armés du fusil sur l'ordre du général en chef; ils reçoivent alors une bretelle de fusil, une ou deux cartouchières et des munitions.

Les sous-officiers de la justice militaire emportent le grand équipement (ceinturon complet et étui de revolver) du temps de paix. Au moment de la mobilisation, ils reçoivent un havresac des magasins de l'État.

(C) **Petit équipement.** — Au moment de la mobilisation, les employés, les chefs et sous-chefs ouvriers et les ouvriers des sections de chemins de fer de campagne reçoivent s'il est nécessaire, des magasins de l'État, à charge de remboursement, les effets de petit équipement et les ceintures de flanelle indiqués dans le tableau ci-contre.

Les sous-officiers de la justice militaire emportent un étui-musette qu'ils reçoivent des magasins de l'État; cet étui est garni des effets de petit équipement strictement nécessaires (linge, brosses, etc.), qui sont leur propriété dès le temps de paix.

Column group **SERVICE DE LA TÉLÉGRAPHIE MILITAIRE** spans the *Télégraphistes* and *Chefs d'équipe, maîtres-ouvriers et ouvriers* columns. For each corps/service column, **H** = *Sur l'homme* and **P** = *Dans le paquetage*.

DÉSIGNATION DES EFFETS OU OBJETS.	S.-off. justice militaire (conseils de guerre, adjudants exceptés) H	P	Sections de chemins de fer de campagne (Employés, chefs, sous-chefs, ouvriers) H	P	Service de la trésorerie et des postes aux armées (Sous-agents) H	P	Télégraphistes H	P	Chefs d'équipe, maîtres-ouvriers et ouvriers H	P	Corps militaire des chasseurs forestiers (s.-off., caporaux, soldats) H	P	Corps militaire des douanes (s.-off., caporaux, soldats) H	P
Petit équipement (C). (Suite.) — Effets de petite monture. — Brosse														
Boîte à graisse (6)	»	»	»	1	»	1	»	1	»	1	»	1	»	1
Brosse d'armes (6)	»	»	»	1	»	1	»	1	»	1	»	1	»	1
Brosse double à chaussures (6)	»	»	»	1	»	1	»	1	»	1	»	1	»	1
Brosse à habits (6)	»	»	»	1	»	1	»	1	»	1	»	1	»	1
Cuiller	»	»	»	1	»	1	»	1	»	1	»	1	»	1
Troussegarnie	»	»	»	1	»	1	»	1	»	1	»	1	»	1
Étui-musette	»	1	1	»	1	»	1	»	1	»	1	»	1	»
Gamelle individ^{lle} (7)	»	»	»	1	»	1	»	1	»	1	»	1	»	1
Guêtres de toile (paire)	»	»	»	»	»	»	»	»	»	»	»	»	»	»
Livret individuel	»	»	»	»	»	»	»	»	»	»	»	»	»	»
Morceau de savon	»	»	»	1	»	1	»	1	»	1	»	1	»	1
Mouchoir	»	»	1	1	1	1	1	1	1	1	1	1	1	1
Quart	»	»	1	»	1	»	1	»	1	»	1	»	1	»
Souliers (paire)	»	»	»	»	»	»	»	»	»	»	»	1	»	1
Ss-pieds de rechange pour guêtres (paire)	»	»	»	»	»	»	»	»	»	»	»	»	»	1
Campement (D).														
Couverture	»	»	»	»	»	1	»	»	»	»	»	1	»	1
Gamelle de campement (8)	»	»	»	1	»	»	»	»	»	1	»	1	»	1
Hachette (9)	»	»	»	1	»	»	»	»	»	»	»	1	»	1
Marmite de campement (8)	»	»	»	1	»	1	»	»	»	1	»	1	»	1
Moulin à café (10)	»	»	»	1	»	»	»	»	»	1	»	1	»	1
Nécessaire individuel de campement	»	1	»	»	»	»	»	»	»	»	»	»	»	»
Petit bidon d'un litre avec courroie et enveloppe	»	»	1	»	1	»	1	»	1	»	1	»	»	»
Sac à distribution (9)	»	»	»	1	»	1	»	1	»	1	»	1	»	»
Sachets à vivres	»	2	»	2	»	»	»	»	»	2	»	»	»	»
Seau en toile (9)	»	»	»	1	»	1	»	»	»	1	»	»	»	»
Armement. (Voir le renvoi B de la page précédente.)														
Carabine avec sabre-baïonnette	»	»	»	»	»	»	»	»	»	»	»	»	1(2)(11)	»
Mousqueton avec sabre-baïonnette	»	»	»	»	»	»	»	»	1(2)	»	1	»	1(4)(11)	»
Nécessaire d'armes	1	»	»	»	»	»	»	»	1(4)	»	»	»	1(12)	»
Revolver	1	»	1	»	1	»	1	»	1(4)	»	»	»	1(4)(11)	»
Sabre (baïonnette, série Z)	»	»	1	»	»	»	»	»	1	»	»	»	1(12)	»
Sabre modèle des adjudants	1	»	»	»	»	»	»	»	1(4)	»	»	»	1(4)	»
Munitions (11). (V. le renvoi B de la page précédente.)														
Paquets de cartouches de carabine	»	»	»	»	»	»	»	»	»	»	»	6	»	7
Paquets de cartouches de mousqueton	»	»	»	»	»	»	»	»	»	6	»	7	»	»
Paquets de cartouches de revolver	»	(13)	2	1	2	1	2	1	2(4)	1(4)	2(4)(11)	1(4)(11)	1(4)(11)	»
Vivres (E).														
Deux jours de biscuit	1	1	»	»	»	»	»	1	»	1	»	»	»	»
Deux jours de petits vivres	1	1	»	»	»	»	»	1	»	1	»	»	»	»
Deux jours de viande de conserve (14)	1	1	»	»	»	»	»	1	»	1	»	»	»	»
2 portions de potage condensé	»	1	»	»	»	»	»	1	»	1	»	»	»	»

OBSERVATIONS.

H. — Sur l'homme.
P. — Dans le paquetage.

(6) 4 jeux de brosses et 4 boîtes à graisse par escouade dans les sections constituées ou groupes de 4 hommes; une collection de ces objets par homme pour ceux qui doivent opérer individuellement.
(7) Jusqu'à la mise en service du nécessaire individuel de campement.
(8) Pour 4 hommes, jusqu'à la mise en service du nécessaire individuel de campement.
(9) Pour 8 hommes.
(10) Pour 15 hommes.
(11) L'autorité militaire sous les ordres de laquelle sont placées les unités de douaniers fixe, selon les opérations, l'arme et la quantité de cartouches à emporter.
(12) Pour les tambours.
(13) Ces sous-officiers reçoivent 18 cartouches de revolver.
(14) Une boîte pour 2 hommes.

(D) **Campement.** — Dans certains cas, les agents et sous-agents du service de la télégraphie militaire ainsi que les groupes des chasseurs forestiers et des douanes, sont pourvus de couvertures de campement et de sacs tentes-abris avec accessoires.
Les sous-officiers de la justice militaire reçoivent un nécessaire individuel de campement des magasins de l'État.
Le matériel de campement reconnu nécessaire au service de la trésorerie et des postes aux armées est fourni par le Ministre de la guerre, à charge de remboursement par le département des finances.
(E) **Vivres.** — Non compris 2 jours de pain; 2 jours de petits vivres emportés au départ au titre des vivres de débarquement.
Dans le cas où les sections de chemins de fer de campagne ne pourraient se procurer directement des vivres, les agents supérieurs et secondaires sont autorisés à percevoir dans les magasins de l'État, à charge de remboursement, les vivres et les denrées qui leur sont nécessaires.

Dispositions diverses.

La tenue dont la composition est indiquée ci-contre est prise dans toutes les réunions prescrites *en temps de paix* par l'autorité militaire.
Il est expressément interdit aux personnels des divers services ou corps de porter *aux armées* des effets bourgeois, ainsi que tout uniforme autre que celui spécifié dans le présent tableau.
Le Ministre de l'agriculture fixe l'uniforme du corps des chasseurs forestiers et assure l'habillement, la coiffure et le petit équipement des préposés. Le département de la guerre pourvoit au grand équipement, au campement et à l'armement.
Le Ministre des finances fixe l'uniforme du corps militaire des douanes et assure l'habillement, la coiffure et le grand équipement des préposés. Le département de la guerre pourvoit au campement et à l'armement.
Il n'existe pas d'adjudant dans les corps des chasseurs forestiers et des douanes.

Paris et Limoges. — Imprimerie militaire Henri CHARLES-LAVAUZELLE.

Librairie militaire Henri Charles-Lavauzelle

Paris, 11, place Saint-André-des-Arts.

Instruction ministérielle du 22 novembre 1887, relative à la formation et au renouvellement dans les magasins administratifs des approvisionnements de toute nature du service de l'habillement et du campement. — Brochure in-8° de 76 pages.. » 40

Instruction ministérielle du 15 janvier 1888 sur la manière de manutentionner et d'entretenir les effets dans les magasins administratifs. — Brochure in-8° de 12 pages.. » 15

Décision ministérielle modifiant la tenue des officiers et adjudants d'infanterie. — Fascicule in-32 de 16 pages.................................... » 25

Modifications a la décision ministérielle du 30 août 1886 sur le képi de 1re tenue de l'infanterie et des sections diverses, du 27 janvier 1887. — Fascicule in-32 de 16 pages.................................... » 25

Décision ministérielle du 18 décembre 1883, portant description d'une nouvelle tenue des officiers et adjudants de cavalerie. — Fascicule in-32 de 20 pages .... » 25

Instruction ministérielle du 30 janvier 1889 sur l'habillement des écoles des sous-officiers et élèves-officiers. (*B. O.*, n° 17)................. » 25

Décision ministérielle du 24 octobre 1887, portant adoption et description de la tenue de ville des sous-officiers rengagés et commissionnés (tableaux et planches). — Brochure in-8° de 64 pages.................... » 60

Lois, décrets et instructions réglant le port de la tenue de ville des sous-officiers rengagés et commissionnés. — Brochure in-32 de 62 pages. » 50

Instruction ministérielle du 6 décembre 1889 sur le service de l'habillement dans les corps de troupe en temps de guerre, avec de nombreux tableaux et modèles (2° édition) contenant des notes et commentaires. — Brochure in-8° de 76 pages.. » 50

La même, annotée et contenant, en outre, le texte *in extenso* des articles et tous les modèles des divers règlements auxquels renvoie ladite instruction, ce qui présente, pour ceux qui sont chargés de l'appliquer, l'immense avantage d'éviter de compulser de nombreux documents. — Brochure in-8° de 112 pages .... 1 »

Décision ministérielle du 6 juin 1890 déterminant la tenue des officiers et des troupes en campagne. — Brochure in-8° de 44 pages........... » 40

La même, en placards (désigner l'arme)........................... » 10

Règlement et instruction du 11 octobre 1889 sur le service du harnachement dans les corps de troupe. — Brochure in-8° de 112 pages..... » 70

Règlement du 23 février 1883 sur le fonctionnement de la masse d'entretien, du harnachement et ferrage dans les corps de troupe d'infanterie. — Fascicule in-32 de 8 pages.. » 20

Nomenclature et Description détaillée de la selle de cavalerie, modèle 1874 (du 11 février 1887). — Brochure in-8° de 24 pages.......... » 50

Décision ministérielle du 29 décembre 1887 portant adoption d'un nouveau tarif de la selle complète de cavalerie (modèle 1874) avec la sangle, la bride et les accessoires en fer. (*B. O.*, n° 84)... .... » 20

Extraits du règlement du 11 juin 1883 sur le service et l'entretien du harnachement de l'artillerie et du train des équipages militaires. — Brochure in-8° de 16 pages.. » 40

Tarifs et Devis du 5 janvier 1887 des objets composant le harnachement des chevaux de l'artillerie et du train des équipages. — Brochure in-8° de 80 pages (*épuisé*).. » 85

Règlement sur le service de l'armement, approuvé le 30 août 1884. — Brochure in-8° de 204 pages.. 2 50

Tarif provisoire des prix des réparations, approuvé le 6 septembre 1887 (armes modèle 1874 et modèle 1866-74, fusil modèle 1884, fusil modèle 1885 et modèle 1874-85, fusil modèle 1886, revolver modèle 1873, armes blanches), (3e édit., mise à jour jusqu'en août 1890). — Br. in-8° de 112 p. 1 »

Librairie militaire Henri Charles-Lavauzelle

Paris, 11, place Saint-André-des-Arts.

Feuilles additionnelles et rectificatives Nᵒˢ 3 (*fusil modèle* 1886) et 4 (*lance modèle* 1890), feuille additionnelle Nᵒ 5 sur les *carabines de cavalerie* modèle 1890 et de cuirassier modèle 1890, et feuille additionnelle et rectificative Nᵒ 6, sur le *fusil modèle* 1886, au tarif provisoire des prix de réparations aux armes. — Brochure in-8ᵒ de 32 pages...... » 50

Le tarif provisoire et les feuilles additionnelles 3, 4, 5, 6 ; les deux brochures réunies.......................... 1 50

Note ministérielle du 11 décembre 1889 pour l'application, en ce qui concerne le service des lits militaires, du règlement du 9 septembre 1888 et de l'instruction du 23 décembre suivant sur la comptabilité des matières appartenant au département de la guerre. (*B. O.*, nᵒ 103.)...... » 20

Règlement du 30 septembre 1886, pour l'exécution du service des lits militaires (édition entièrement refondue, mise à jour jusqu'en juin 1891. — Volume in-8ᵒ, broché....................... 3 »

Instruction du 31 mars 1887, pour l'exécution du service des lits militaires à partir du 1ᵉʳ avril 1887. —Brochure in-8ᵒ de 20 pages............ » 20

Règlement provisoire du 20 juin 1888 sur l'entretien du casernement par les corps occupants. (*B. O.*, nᵒ 33.)....................... » 30

Décision ministérielle du 23 décembre 1890 suspendant le fonctionnement de la masse de casernement en temps de guerre. (*B. O.*, nᵒ 84.)... » 25

Note ministérielle du 7 février 1890 sur l'emploi des accumulateurs de pression pour le filtrage de l'eau au moyen de l'appareil Chamberland. — Fascicule in-8ᵒ de 8 pages.......................... » 25

Instruction ministérielle du 27 octobre 1889 pour l'application, en ce qui concerne le service de subsistances militaires, du décret du 9 septembre 1888 et de l'instruction du 23 décembre suivant, sur la comptabilité des matières de la guerre. — Brochure in-8ᵒ de 95 pages .... » 95

Nomenclature du 24 décembre 1889 du matériel du service des subsistances militaires et du chauffage. — Brochure in-8ᵒ de 212 p... 2 »

Règlement du 23 octobre 1887 sur la gestion des ordinaires. — Brochure in-8ᵒ de 88 pages...................... » 50

Cahier des charges pour la fourniture de la viande fraîche et marché. — Fascicule in-8ᵒ de 8 pages .... » 10

Notions sur la viande fraîche destinée a la troupe. — 3 volumes :

Tome I. — Généralités sur l'alimentation ; achat de la viande sur pied ; connaissances professionnelles, avec nombreuses gravures. — Volume de 92 pages.

Tome II. — Marchés ; abattoirs ; boucheries ; distributions ; espèces de viande ; transport et entretien du bétail, avec nombreuses gravures. — Volume de 96 pages.

Tome III. — Ordinaire ; réglementation ; achat de la viande fraîche ; cahier des charges. — Volume de 48 pages.

Les 3 volumes, brochés....................... 1 50
reliés toile anglaise...................... 2 25

Cahier des charges pour la fourniture et la fabrication du pain de troupe à la ration à l'intérieur, du 11 novembre 1890. — Br. in-8ᵒ de 64 p.. » 50

Règlement du 15 janvier 1890 sur le service du chauffage dans les corps de troupe (2ᵉ édition, mise à jour jusqu'en 1891). — Br. in-8ᵒ de 76 p... 1 »

Décret du 18 février 1889, portant règlement sur le service des fourrages dans les corps de troupe et cahier des charges type du 3 mars 1889. (*B. O.*, nᵒ 20).............................. » 80

Cahier des charges du 22 août 1890 pour la fourniture des fourrages à la ration. — Brochure in-8ᵒ de 80 pages...................... » 75

Le Catalogue général est envoyé franco à toute personne qui en fait la demande.

www.ingramcontent.com/pod-product-compliance
Ingram Content Group UK Ltd.
Pitfield, Milton Keynes, MK11 3LW, UK
UKHW020043080726
13614UKWH00004B/1911